名古屋ノーベル賞物語

中日新聞社社会部　編著

中日新聞社

運命の出会い

小林　誠　　益川敏英

Nobel Prize

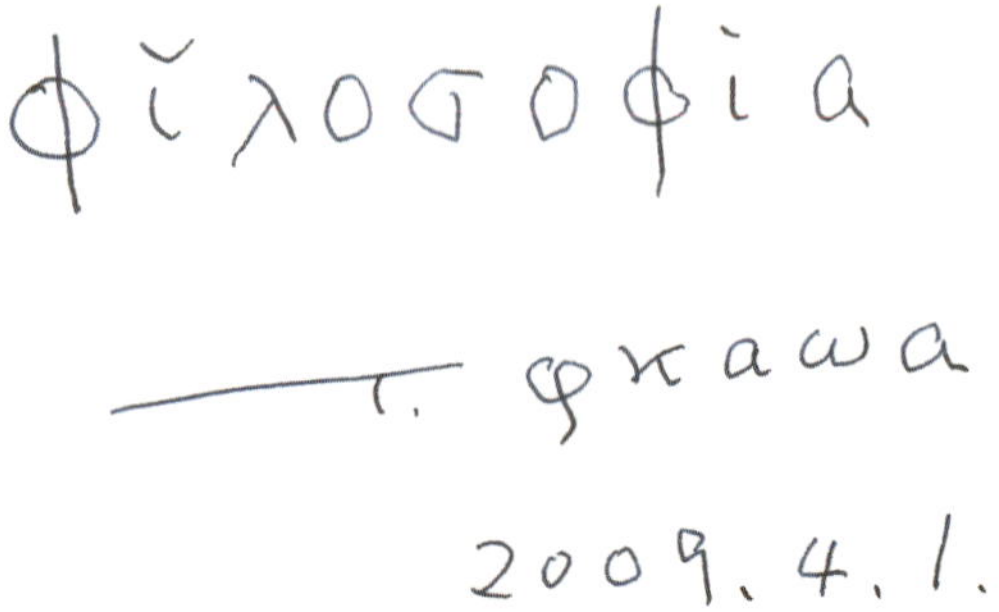

益川さんが本紙に寄せた座右の銘は、ギリシャ語の「フィロソフィア」（哲学）。もともと「知への愛」を意味し、出身地の愛知県ともかけている。益川さんは、論文などに記す名前の表記は常に「u」を抜いた「Maskawa」を使う。署名では、その「Maskawa」の「Mas」に、升目を表す「□」をあてて、ギリシャ文字風に崩している。

ノーベル賞の授賞式で、スウェーデンのカール16世グスタフ国王からメダルを受け取る益川さん＝2008年12月10日、ストックホルムのコンサートホールで

bayashi

過去は
序幕だ

小林誠

2009.4.7

小林さんが本紙に寄せた座右の銘は、物理学者のアブラハム・パイスが著した20世紀の物理学史の大著「Inward Bound」のエピローグにある言葉
シェイクスピアの名言「What's Past is prologue（過去は序幕である）」を引用し、パイスは科学についても「過去はプロローグにすぎない」と言った。「科学は過去の上に築かれる」という科学の本質を表している

Ko

ノーベル賞の授賞式で、スウェーデンのカール16世グスタフ国王からメダルを受け取る小林さん＝2008年12月10日、ストックホルムのコンサートホールで

ノーベル賞授賞式の晩餐会《ばんさんかい》に臨む小林さん（左）。右はスウェーデンのシルビア王妃＝12月10日夜、ストックホルム市庁舎で

出会いと結実

愛知県立明和高校時代、硬式テニス部に所属していた小林さん（昭和38年の卒業アルバムから）

海部家の庭でいとこたちと。中央で笑っている少年が10歳ごろの小林さん

中学時代の益川さん（後列左端）とテニス仲間

昭和43年当時の坂田研究室のメンバー。前列左端が益川さん。後列右から8人目が小林さん

研究室の勉強会で黒板の前に立つ名古屋大大学院生のころの益川さん=名古屋市千種区の名大で

友人らと夏休みに行った三重県·白子の海辺で、チャンバラのポーズをとる大学生時代の益川さん

名古屋大理学部助手だったころの益川さん（右）と、同大大学院生だったころの小林さん（左）。旅先でのスナップ=三重県伊勢志摩地方で

名古屋大での記念講演の休憩中、少女にサインを求められる益川さん（左）と笑顔の小林さん=2009年2月7日

試験管を手に緑色蛍光タンパク質の説明をする下村脩さん=2009年3月26日、名古屋大での記念講演で

名古屋大で講演し聴衆の質問に答える益川さん（左）と小林さん

目次

目次

まえがき　4

第一部　名古屋ノーベル賞物語

1 「静」の小林、「動」の益川　名大で運命の出会い　8
2 下町のエジソン　父譲り　科学の感覚　10
3 海部家で　母を気遣う静かな子　12
4 大空襲　地獄絵図が原体験に　14
5 焼け跡　すべてが遊び道具に　15
6 優等生　間違いには妥協せず　18
7 宿題　『全然せず』遊び盛り　20
8 小説小僧　好奇心の窓、読書から　21
9 人工衛星　宇宙開発、幕開け興奮　23
10 坂田モデル　名大発　新理論に衝撃　25
11 指導教官　人間形成大きな影響　26
12 仲間　遊んで学んで夢共有　28
13 伊勢湾台風　猛威、学校生活が一変　30
14 語学　上達へ努力惜しまず　32
15 理論屋　磨きがかかる独創性　34
16 坂田研究室　民主的で自由な環境　35
17 教室会議　民主主義、能力伸ばす　37
18 コロキウム室　おしゃべりと　世界最先端の議論が同居　40
19 結婚式　新しい日本の姿を模索　42
20 京都へ　独創性、世界の常識覆す　44
21 光る物質　新分野　名大で出会う　47

目次

第二部　受賞報道
第一章　受賞決定　51
第二章　ストックホルムで　103
第三章　名古屋大記念講演　117
語録　益川敏英　150
語録　小林誠　152
あとがき　155
歴代の日本人ノーベル賞受賞者　158

まえがき

二〇〇八年十月七日の夜、ストックホルムから飛び込んだ一報に中日新聞の編集局はどよめいた。この年のノーベル物理学賞に、小林誠さんと益川敏英さんが南部陽一郎さんとともに選ばれたからだ。

小林さんも益川さんも名古屋生まれで、名古屋大学理学部の卒業生。十数年も前からノーベル賞の有力候補と目されていただけに、待ちわびた受賞決定は名古屋の人や名大にとって格別の朗報である。私たちは「CP対称性の破れ」という何とも難解な業績の紹介に頭を悩ませながら、一方では誇らしい思いで受賞決定の紙面をつくった。

連載「名古屋ノーベル賞物語」の構想が浮かんだのは興奮さめやらぬ翌日のことだ。

小林さんは女手一つで育てられ、名古屋市内の山吹小、冨士中、明和高から名大へ。益川さんは砂糖問屋の長男に生まれ、やはり市内の鶴舞小、北山中、向陽高を経て名大に入学した。世界の頂点に立つ研究者とはいえ、生い立ちや小中学校の名前を聞けば、ぐっと身近に感じられる。

二人を知る人たちの回想も交えて、幼いころや若き日の姿と、知をはぐくんだ足跡をたどれないか。かつての家庭や地域、学校の息吹を描くことで今の時代に忘れられたものを伝えられないか。名大で二人を導いた世界的な物理学者、坂田昌一博士はどんな人物だったのだろう。物理学賞の次の日、化学賞に決まった下村脩さんも若いころ名大で研究生活を送っており、飛躍の場となった平田研究室にもスポットを当ててみたい。

そんな狙いで社会部記者の池田千晶とデスクの石川保典が準備に入り、小林さんと益川さんはじめ多くの方の協力を得て連載にこぎつけた。本書はこれを第一部とし、第二部ではノーベル賞の受賞決定から名大での記念講演までの紙面を収録した。

小学生の益川さんは月明かりを頼りに焼け野原の街を歩きながら、父親から月食や日食の理由を教えてもらったという。小林さんは中学生のころ、世界初の人工衛星の光跡をたどろうと夜明け前の空を見上げたそうだ。

〈真砂《まさご》なす数なき星の其中《そのなか》に吾《われ》に向ひて光る星あり〉（正岡子規）という歌がある。益川少年も小林少年も、名古屋の夜空を見つめながら、あるいは文学書を読みふけりながら自分に向かって光る星を探してもいたのだろう。そして物理学や素粒子という生涯の星に出会った。成績や偏差値といったものだけにとらわれていては見つからないものかもしれない。

好奇心、探求心、あこがれ、夢、情熱…。二人が放つまぶしくも温かみのある光を、とりわけ若い人たちが、本書の中から感じ取ってくれれば幸いである。

中日新聞社社会部長　臼田　信行

第一部

名古屋ノーベル賞物語

1 「静」の小林、「動」の益川

名大で運命の出会い

「小柄《こがら》なのに、大きな声を出す人だな」

一九六五（昭和四十）年の名古屋大理学部。三年生の小林誠の前で、ゼミの指導にきた大学院生が甲高《かん》い声を張り上げていた。

教壇に立っていたのは博士課程二年の益川敏英。ぱっぱっと、勘《かん》どころだけを話す。あこがれていた素粒子論研究室（E研）で、いつか一緒に研究できるかも。そんな想像をした。

素粒子論の先端で世界としのぎを削っていたE研。学年が五つ上の益川は、若手のリーダーだった。E研を率いる教授の坂田昌一は、ノーベル物理学賞の湯川秀樹や朝永振一郎と並ぶ素粒子論の大御所だ。

研究室にある日、東京の老舗の羊羹《ようかん》が届いた。

「有名な店だからおいしいはずだよ」。そう薦《すす》める坂田に、益川は「先生、それは権威主義だ」と返した。「有名だろうが何だろうが、食べてみなきゃ分からん」

「いちゃもんや」のあだ名そのままに、益川は研究室で議論を常にリードし、自説を主張して誰彼《だれかれ》構わず論破した。

物理や数学、哲学から日米安保まで、級友との議論に明け暮れていた益川に比べ、小林は一人で本に向かうことが多かった。名大入学は東京オリンピックの前年。高度成長の波に乗り、鉄筋校舎が次々とできて様相を変えるキャンパスで、難問に黙々と取り組んでいた。

卒業コンパの帰り。名古屋・今池を仲間と歩いていた小林が突然、大声を上げた。

「分からないところがあるぞー。誰か教えてくれー」。ふだんは物静かなのに何度も繰り返す姿を、同級生の星野香は思い出す。

大学院に合格して出入りするようになったE研に、ゼミで見た益川がいた。

「ロジック（論理）の展開がユニークで、すごい人だ」

すでに助手になっていた益川は仰ぎ見る存在。だが、小林自身、すぐに皆から一目を置かれるようになる。口数は少なく、ぼそぼそっとしゃべるが、湯川のノーベル賞論文のちょっとした間違いを指摘したり、皆がてこずる難問を先輩にすらすらと説明したり。E研にいた五年間、益川らとの共同論文をいくつも書いた。

「益川さんがへんてこなことをいっぱい考えては、小林さんがそれはだめ、ここはこう、と交通整理する」。独特のひらめきの「益川語」を小林はよく理解していたと、二人を知る研究仲間は言う。

七〇年に益川が助手として京大に移った後もたびたび相談した。複雑な計算式で埋まった「ラブレター」のやりとりが続き、二年後、小林も京大助手に。

E研で出会った「動」と「静」の妙《みょう》は、京都で再会したその年、大胆な理論を生み出し、後のノーベル賞に結実した。

2 下町のエジソン

父譲り 科学の感覚

一面に広がる焼け野原。暗闇《くらやみ》を照らす月明かりの中、父は息子に語りかける。

「月食や日食が、なぜ毎月起きないか分かるか。そのわけはな」

銭湯の帰り道。小学生の益川敏英は手ぬぐいとせっけんを握りしめ、父の話を夢中で聞いた。

敏英は一九四〇（昭和十五）年二月七日、父一郎《かずお》と母かね子の長男として名古屋市中川区で誕生。その後昭和区に移り、鶴舞小学校に通った。

名古屋市西区の店の２階で父、母、妹と一緒に写真に納まる高校生のころの益川敏英さん（右から２人目）

戦前、一郎は洋家具をつくる職人だった。

「気に入らないと、いきなりノミで壊す。伝説の職人だった」

敏英の七つ下の妹、岡田妙子は後に、卸し先の家具店から父の一徹ぶりを聞いた。

戦火は激しくなり、家具製造に使う機械類はすべて徴収。小さな町工場は閉鎖を余儀《よぎ》なくされた。戦後、一郎は西区の明道町で、砂糖など製菓材料の卸店を始める。「下町のエジソン」。電気関係に詳しい一郎は、近所でそう呼ばれた。かつて、電気技師になりたくて通信教育を受けたが断念。果たせなかった理科への情熱を託す相手が、幼い敏英だった。

「おかげで、電気モーターの仕組みとか、へんてこなことをたくさん知っていたわけ」

敏英は、その知識を学校で披露する。

「これ分かる人は」。先生の質問にみんなが手を挙げるとき、敏英は沈黙した。その代わり、誰も分からないとき、そろそろと手を挙げる。ちょっと誇らしい気がして、自分は理科や数学ができるんだと思い込んだ。

「科学の感覚みたいなものを、父から教わった」。後に敏英は、友人にそう明かした。

3 海部家で

母を気遣《きづか》う静かな子

小林誠には、父の記憶がない。

医者だった父の久は終戦の翌年、疎開先の三重県川越村（当時）で病死。名古屋市中区で一九四四（昭和十九）年に生まれた誠は、まだ二歳だった。

「穏やかな人格者」

誠より十七歳年上のいとこ小野昇は、保健所の勤務医だった久に診てもらった日のことを思い出す。

父の死後、母あいは一人息子の誠を連れて東区白壁町の実家へ。兄の海部誠也一家が住む平屋の、奥の間を借りて暮らすことになった。

同じ屋根の下で十年以上ともに過ごした海部家末っ子の幸也は、四つ年下の誠が駄々《だだ》をこねるところを見たことがない。「いつも黙ってにこにこしていた」と、いとこたちは口をそろえる。

その一人で、幼いころにやはり父をなくした小野茂勝は「母親に苦労させまいとしていたのだろう」と思いやる。

母あいは勝ち気ではっきり物を言う女性。息子を育てるため毛糸や洋裁の店を開き、ちゃぶ台で宿題をする誠の後ろで、よくミシンの音を響かせていた。

武家屋敷の名残をとどめる海部家の庭では、近所の子どもが集まっては相撲や水鉄砲に興《きょう》じていた。だが、誠は本を読んだりラジオを組み立てたりする方が好きだった。

東京の大学に通ういとこの一人は、帰省したとき相撲を取ろうとした。「『体ごとぶつかって来い』と。だが、かかってこなかったねえ」。後に首相となる海部俊樹は苦笑まじりに回想する。

小学校に入る前、どうしても欲しいものがあった。レールの上を電池で走る電車のおもちゃ。「お母さん、買って」。ささやかなわがままだった。

4　大空襲

地獄絵図が原体験に

益川敏英が、自身の生い立ちから始めた二〇〇八年十二月八日のノーベル賞受賞記念講演。益川はあえて、太平洋戦争にふれた。家具職人の父が小さな工場をたたまざるを得なかったのは「自国が引き起こした無謀で悲惨な戦争のせい」だと。

五歳のときの忌《い》まわしい画像が、今も脳裏にこびりついている。

「ががが−っ」。ごう音とともに、何かが自宅の瓦屋根を突き破り、上がりかまちの下に転がった。B29爆撃機が投下した焼夷《しょうい》弾。幸いにも不発だった。

だが、周囲は火の海。夜空が真っ赤に焦げていた。リヤカーの上にちょこんと乗り、家財道具に挟まれて両親と逃げまどった。記憶は断片的でも、そこで見た地獄絵図が、戦争と向き合う原体験になった。

戦争末期。益川の住む中川区だけでなく、名古屋の街は度重なる空襲で五割以上が焼き払われた。

母は、当時としてはしゃれた洋家具を農家に売って食料を得る。戦後、父はわずかに残ったちょうつがいや木ねじを自宅前に並べ、糊口《ここう》をしのいだ。

益川の戦争への疑問は、成長するにつれて膨《ふく》らむ。

母方の祖父母は、日韓併合時代の朝鮮半島に渡り、漁業で一儲《ひともう》けしたことがあった。当時の豪勢な生活について、小学生の妹が母に聞きたがると、七歳上の益川は決まってさえぎった。「そんなの植民地支配だがや」

侵略に乗じて儲けるという発想が、高校生のころから我慢できなかった。

5 焼け跡　すべてが遊び道具に

「お兄ちゃん、お姉ちゃん乗せてー」

小学生の益川敏英は、名古屋市昭和区の鶴舞公園にある竜《たつ》ケ池でボートに乗るのが楽し

昭和27年４月、返還された鶴舞公園で運動会に興じる親子。後ろの建物は名古屋市公会堂

みだった。終戦から五年後、朝鮮戦争で特需が始まり、名古屋でパチンコブームが起きたころ。竜ケ池は、数少ないデートスポットだった。

益川はボートをこぐカップルの間にもぐり込んだり、早く乗り終えた人の残り時間をもらったりした。

戦争の名残はあちこちにあった。

中川区から移り住んで通った鶴舞小学校は、旧陸軍の高射砲陣地の跡地付近。砲身を切った鉛《なまり》色の高射砲が姿をさらしていた。

小学校の北に広がる鶴舞公園は、連合国軍総司令部（ＧＨＱ）が接収し、返還される一九五二（昭和二十七）年まで立ち入り禁止に。公園内の市公会堂は、進駐軍がダンスホールや劇場に使っていた。

公園は鉄条網で囲まれていたが、池のある東側一帯は自由に入れた。木登りもした。数年前、鶴舞を訪れた益川は「あそこは登って落っこちて、けがした所。池の形も昔と全然、変わっていない」と懐かしんだ。

小林誠が終戦後に移り住んでいた東区の白壁界隈《かいわい》は戦災を免れたものの、周囲はやはり焼け野原だった。

幼なじみの小沢幸男は「昭和二十五、六年ごろかなあ。焼け跡でくず鉄を集め、鉄とか銅とか何十円で売って小遣いにした」と明かす。防空壕《ごう》跡で遊んだことも。

空き地に転がっている瓦《かわら》を立てて、別の瓦を投げて倒す遊びも楽しんだ。そこらに転がっているものすべてが、遊び道具だった。

6 優等生

間違いには妥協せず

そのひと言に、児童数六十人ものクラスが静まり返った。「僕は間違っていません。だから、謝りません」

名古屋市東区の山吹小。高学年の小林誠は授業の冒頭、休み時間の出来事で担任の先生から注意された。ふだんは期待を裏切らない優等生の反抗的な態度に、先生の顔色が変わった。

「なにーっ。もう一度言ってみろ」。ビンタが珍しくなかった時代でも、めったに怒鳴《どな》らない穏やかな先生。それが、顔を真っ赤にさせ、木の机の間を抜けて近づいてくる。同級生の下谷悦子は怖くて思わず目をつぶった。先生は小林の直前で止まった。

算数の授業では、こんなことがあった。

小林が黒板ですらすらと解いてみせると、先生は「違うよ」と横に別の答えを書いた。「先生が間違っています」と頑《がん》として譲らない小林。「何を言うか。おまえのが違う」と先生。押し問答は十五分ほど続いただろうか。あげくに先生は、坊ちゃん刈りの小林の頭をコツンとたたいた。小林は声を上げて泣きだした。

勉強ができ、もの静かで素直。「やらされるから仕方なく」と学級委員も毎年のように務めた。だが、芯《しん》の強い頑固な一面も同級生たちに強い印象を与えた。男子が悪ふざけしたとき、「やめろよ」と言うとやんちゃ坊主も従った。「マコちゃんに言われたら仕方ないか、と」

小林は、女手ひとつで育ててくれた母のことを「正義感が強く、間違ったことには厳しかった」と評する。その教えがあったからか、筋が通らないことには決して妥協しない少年に育っていった。

小林さんが通った幼稚園での集合写真。
前列左端の洋服姿が母あいさん

7 宿題

『全然せず』遊び盛り

まったく宿題をしない小学生。それが益川敏英だった。

高学年のとき、父が名古屋市西区の明道町で砂糖問屋を始めた。砂糖の統制品扱いが一九五二（昭和二十七）年に解除され、業界は活況を呈《てい》した。手伝うために母は毎日、幼い妹妙子を連れ、昭和区の家から徒歩と市電で一時間近くかけて店へ。

遊び盛りの益川は放課後、無人の自宅にかばんを置くと、友達と走り回った。母妹の帰りは遅く、一人で夕飯のおつかいも。「サバの相場はいくら、と自慢していた」と妙子は思い出す。

ある晩、宿題をしていないことに気づいた母が、こっぴどくしかった。「なんでやらないの」

母は担任に「家で全然勉強しない。宿題を出してもらわないと困ります」と訴えたが、返ってきたのは「毎日出してますけど、お宅のお子さんは一度もやってこないんです」。

店はますます多忙になり、一家は店の二階に住まいを移す。友達と離れたくなかった益川は、昭和区の北山中まで自転車で通った。友人らと校庭の片隅で暗くなるまで軟式テニスに興《きょう》じた。成績は、ごく普通だった。

家族そろってちゃぶ台を囲んだ夕飯どき、学校での出来事や友人の話をよくした。主な相手は話し好きの母。父は茶わん酒をちびりちびりやり、耳を傾けた。

高校受験のころ、益川家にテレビが来た。夕食後、店の従業員らと二階の居間でよく見たのは、NHKのクイズ番組「ジェスチャー」や「私の秘密」。笑い声をよそに、益川は机に向かい、勉強や読書に精を出すようになった。

8 小説小僧

好奇心の窓、読書から

トントントンと三階の屋根裏部屋に上がっていく息子。その姿を見て、母は「どうせ小説を読むんだわ」と家族によく言った。「小説小僧」。中学、高校生のころの益川敏英を、母はそう呼んでからかった。

益川が読書に目覚めたきっかけは、小学校六年のときにさかのぼる。

一九五二（昭和二十七）年、戦争で被災した近くの名古屋市立鶴舞図書館が再建され開館。同級生とグループ研究で訪れた調べものが終わり、ひまつぶしに歩いて回った。

「世の中には、こんなに本があるんだ」。手当たり次第に、手に取ってながめた。

小四のとき、湯川秀樹が日本人で初めてノーベル賞を受賞。日本中が興奮したことすら「全然記憶にない」というほど学問と縁遠かったのに、本を読む楽しさを知った。

それ以来の図書館通いは、高校生いっぱい続く。家業の砂糖問屋で重い砂糖袋をかつぐ手伝いから逃れ、帰宅すると一目散。芥川龍之介の作品はリストを手に入れ、ほぼすべてを読破した。推理小説もよく借りた。

小林誠は小学生のころから、子ども向けの科学雑誌を読むのが好きだった。付録のキットでラジオなどをつくっては、同居の祖父母を喜ばせた。

「自然界の仕組みとか物事の成り立ちに、小さいころから何となく関心があったなあ」と小林。

同じ家に住んでいたいとこの海部幸也は振り返る。「まーちゃんの部屋には『児童年鑑』や偉人の伝記とか、ほかでは見かけんものがいっぱい置いてあった」

益川も小林も、本の世界にかきたてられた好奇心は次第に、物理や数学へと向かっていった。

9 人工衛星

宇宙開発、幕開け興奮

一九五八（昭和三十三）年の正月。名古屋市東区の冨士中で一年生を担任していた木嶋将輔は、クラスの教え子、小林誠から版画の珍しい年賀状を受け取った。日本列島を中心に置いた地球に東から太陽が差し、人工衛星が飛んでいる。そのデザインが目を引いた。

小林誠さんが中１当時、恩師にあてた版画の年賀状

前年の十月四

日、世界初の人工衛星・スプートニク1号を旧ソ連が打ち上げた。一カ月後の2号には人類に先駆けて雌のライカ犬が乗せられ、生死の行方もあわせて世界中がかたずをのんだ。

小林もその一人。夜明け前に起き出し、地球を回る飛行物体の光の筋に目を凝らした。「肉眼ではっきり見えた」という興奮を、年賀状にしたためた。

米ソが激しく宇宙開発競争をしていた時代。益川敏英は、ソ連がスプートニクを打ち上げる以前から、深夜のモスクワ日本語放送を聴いていた。放送されたデータを収集しては解析《かいせき》。親しかった杉山茂雄は「ロケットが地球を脱出するには角度は何度か、なんて彼は計算していたよ」という。

宇宙へ思いをめぐらす益川は、中学卒業前には「星の進化」について作文を書いた。他の生徒は、先生の言葉に従って将来の希望を書いたのに、一人、「われわれの太陽は、一回燃えつきて宇宙に散ったごみが集まって再び星になった」などと、関心のある世界に没頭した。

高校になると、休み時間に難解な数学の問題を解く益川の周りに、いつも数人が集まった。一年生で既に東大の入試問題に挑戦するほど、物理や数学が得意になっていた。

10　坂田モデル

名大発　新理論に衝撃

ラムダ粒子やオメガ中間子…。一九五〇年代半ば、物質の最小単位であるはずの「素粒子」に新たなタイプが続々と見つかり、百個以上にも膨《ふく》れ上がっていたとき、画期的なアイデアが登場した。

「坂田モデル」。益川敏英は高校生のころ、その記事を見た。

名大・素粒子論研究室（E研）教授の坂田昌一が考案した理論は、八年後に米国人が提唱しノーベル賞を受賞したクォーク理論の原型となる。

「科学は十九世紀までに欧州でつくられたもの、と思っていたからショックを受けた」。しかも東京ではなく、地元の名大。素粒子論の先端に自分も加わりたいと、名大進学を真剣に考え始めた。

砂糖問屋を継がせようと反対する父を母が説得し、「一浪はダメ」を条件にようやく許しが出ると、猛勉強が始まった。

「胃痛を訴えるほど必死になっていたねえ」。妹の妙子は人が変わったようだった兄を思い出す。

語学が苦手な益川は、作戦を練った。当時の入試は五教科が各二〇〇点で一〇〇〇点満点。「苦手な英語はゼロ。数学と理科で三五〇点…」と皮算用した。

合格後に成績を聞くと、英語は三〇点だった。

小林誠も、坂田モデルの記事を見た。まだ中学生。中身をよくは理解できなかったが、名大で画期的な研究が行われている、との事実が印象に残った。

物事の原理的なことに興味があった小林は高校時代、物理学者のアインシュタインと弟子のインフェルトが書いた「物理学はいかに創《つく》られたか」を読みふけった。読めば読むほど、一番基本的なことを知りたいとの思いが募《つの》った。

11 指導教官

人間形成大きな影響

益川敏英は晴れて、名古屋大理学部に合格する。

受験勉強から解放され「『物理が面白くてたまらん』とか言って本当に楽しそうだった」と、妹の妙子はふり返る。

旧制八高のシンボルのソテツが植えられた名大・旧教養部の校舎前で、同級生の野村浩康さん（左）と写真に納まる益川さん

二年生半ばまで所属する教養部は、当時、名古屋市瑞穂区の旧制第八高校跡に置かれていた。八高からそのまま来た教員もおり、木造校舎で行われる高校の延長のような授業に「何のためにここにいるのか分からん」とこぼすこともあった。そんな益川に知的満足を与えたのが物理の教授、中野藤生だった。

益川は、野村浩康ら同級生たちと、先生を質問攻めしては困らせた。まだ三十代半ばだった中野は逃げずに「分からんことは分からん、自分で考えろ」とぴしゃり。「『あ、これが研究者か』と思った」。益川は後に雑誌のインタビューで語っている。

中野は言う。「印象に残るクラスだっ

た。講義後もなかなか帰らせてくれなくてね」

名大には学生の生活全般を世話する「指導教官制度」があり、中野は益川の指導教官だった。「成績表を渡すほかはコンパくらい」と中野は言うが、益川たちは、まだ丘陵地帯だった市東部の中野の市営住宅へよく押しかけた。

「政治に関心を持て」が中野の持論。海軍兵学校の教官時代に広島の原爆を目《ま》の当たりにした気骨の学者、中野の存在は、研究面だけでなく益川の人間形成に大きな影響を与えた。

12 仲間　遊んで学んで夢共有

名大生になった益川敏英は、同じ志を持った仲間たちと、学問に遊びに励んだ。

後に益川と同じ素粒子論研究室（E研）に進む北門新作は言う。「（教養部時代は）先生から何か教わるということはほとんどなかったなあ」。その代わり、四、五人で集まってはよく議論した。

「おれはこうやって解いた」「いや、おれはこうだ」

岐阜県生まれで、日本初の国際的数学者、高木貞治著の「解析概論」や量子力学の問題集を、空き教室で黒板に数式を書いて説明し合った。解法が載っていても、それとは違うやり方で答えを出そうと頭をひねった。

「理学部卒ではメシが食えない」と言われる中、周囲には教職課程を履修する学生が多かった。だが、益川や北門たちはあえて、取るのをやめた。「退路をたたなきゃいかん。おれたちは研究者になるんだ」

二年生の途中で、教養部から東山キャンパスの理学部に移る。一九五九（昭和三十四）年当時、名大はまだ木造校舎が多かった。未舗装のため風が吹けば砂ぼこりが舞い、雨が降れば泥だらけに。空き地のそこかしこで、学生がソフトボールに興《きょう》じていた。

三年生の夏。益川は物理や数学の本をかばんに詰め込んで、級友たちと親類が住む三重県の海辺の町・白子へ。十日間の〝合宿〟中、泳いでは難問集を解き、泳いでは議論に明け暮れた。

「浜辺を〝民族独立行動隊〟を歌ってデモりました。第四機動隊は現れませんでした。我々は海浜デモをカチトッタぞ！」

六〇年安保の年。野村浩康は合宿の写真を集めたアルバムに、そんなキャプションをつけた。

13 伊勢湾台風

猛威、学校生活が一変

小林誠の中学校の卒業アルバムには、修学旅行の写真がない。一九五九（昭和三十四）年九月二十六日。紀伊半島の潮岬に上陸した伊勢湾台風は東海地方を中心に猛威をふるい、死者・行方不明者五千人以上の大惨事となった。

被害は名古屋市南部で甚大だったが、市中心部にある小林の自宅も被害を受けた。飛んできた柱が屋根に突き刺さり、高校受験を控えていた小林は勉強どころではなくなった。通っていた冨士中でも木造校舎の屋根が飛び、窓ガラスが割れ、校庭の木は根こそぎ倒れた。

数日後に予定されていた東京・箱根への修学旅行は中止に。積み立てていたお金は、見舞金に消えた。

しばらく授業ができず、後片付けには生徒たちも一緒に取り組んだ。校内の瓦《かわら》屋根を取り除き、飛んできたごみを片付けた後は、周辺の倒れた街路樹をロープで引き起こしたり、公園の清掃をしたり。

「学校には、被災地からかなりの数の生徒が来ていたなあ」と小林。避難した親類宅などから通う生徒が加わった教室はぎっしり。校舎建て替えの間は、午前と午後の二部に分かれて授業が行われた。

伊勢湾台風で体育館の屋根が飛ぶなどの被害を受けた冨士中＝昭和35年の卒業アルバムから

益川敏英が通っていた名古屋大も被害を受けた。友人の野村浩康が教養部のあった瑞穂区のキャンパスに行くと、体育館の屋根は吹き飛ばされ、校舎は傾いていた。講義はしばらく休み。正常化したのは師走《しわす》に入ってからだった。野村らは市南部で救援活動に参加したり、映画を見に行ったりして過ごした。

伊勢湾台風は「六〇年安保」の前年。救援活動で大学の垣根を越えて結集した学生パワーは、その後、この地区での安保闘争の母体へと発展していく。

14 語学
上達へ努力惜しまず

「語学が苦手」と益川敏英は公言する。だが「さぼっていたわけではない。一生懸命やっていた」と証言するのは、大学、大学院通じて九年間益川と一緒だった北門新作だ。

名古屋大教養部時代。「生きたドイツ語を学ぼう」という先生の提案で仲間たちと映画館に出向き、音声を録音した。率先したのが益川。米ミュージカル映画「サウンド・オブ・ミュージック」と同じトラップ一家を題材にした西ドイツの「菩提樹《ぼだいじゅ》」など、録音機を用意して何度も通った。映画は当時の益川らには最大の娯楽。語学学習にかこつけ「三本立て五十五円」をよく見に行った。

そんな努力もむなしく、益川の英語とドイツ語が上達することはなかった。大学院入試のドイツ語で、益川は白紙の答案を提出。合否を決める入試委員会で問題になった。

「こんなに物理ができる学生を落としちゃいかん」。入試委員長だった物理の教授、上田良二の発言に異論は出なかった。「しゃくし定規に判断しない、自由な雰囲気があった」と言うのはその後、益川を指導することになる大貫義郎。「この一件が学生に伝わり、しばらくは入試で語学を重視しないという雰囲気になってしまったがね」

小林誠も語学があまり得意ではなかった。

「誠は英語がだめ。教えたってもらえないかしら」。小林が中学生のとき、新婚間もなかった銀行勤めのいとこ、小野昇は小林の母から頼まれた。小林は毎日曜の午前十時、きっちりやってきては懸命に学んだ。でも「あんまり覚えはよくなかったなあ」と小野。

後にノーベル賞の受賞対象となった論文の英語を書いたのは小林。「少しは貢献できたかな」と小野は口元を緩《ゆる》めた。

15 理論屋　磨きがかかる独創性

「必要なのは紙と鉛筆だけ」といわれる理論物理の世界。益川敏英の「理論屋」としての素質は、名古屋大の教養部時代から芽を出していた。

化学実験の試験を一緒に受けた野村浩康は、そのとき益川の取った行動が忘れられない。液体サンプルにどんな成分が含まれているかを調べる定性分析の試験。試験管を渡された学生たちは早速、塩酸を加えるなどして実験を始めた。

なのに、実験に興味がない益川は何もせず、必死に取り組む仲間の周りをぶらぶら歩き回るだけ。

約一時間後。「おまえの、何と何だった」と〝取材〟を開始。ひとしきり聞いて回ったところで、表を作り始めた。

「先生はランダム（無作為）にサンプルを与えるはずがない。必ず規則性がある」。そう言って、自作の統計表に基づき自分の試験管の中身を当ててみせた。

「そこでやめておけばよかったのに」と野村。益川は同級生の一人のところに行き、「おれの表によると、おまえの答えはたぶん間違っている」。口出しせずにいられない性分は昔からだった。

益川の独創性は、その後ますます磨きがかかる。

三年の数理物理の演習。先生に当てられ黒板で方程式を解き始めた。「おいおい、普通はそんなやり方やらないだろう」。先生の静止に構わず、独自のやり方を説明し続ける。しびれを切らした先生は、横でオーソドックスな解き方を書きながら説明を始めた。学生たちはどちらを見たらいいのか、聞いたらいいのか、目をきょろきょろさせるばかり。

「すごいやつだな」。同級生の北門新作は驚き、あきれ、感心した。

16　坂田研究室

民主的で自由な環境

高校、中学時代にそれぞれ「坂田モデル」に出会った益川敏英と小林誠は、名古屋大大学院に合格するとその生みの親、坂田昌一が教授を務める物理学教室のE研（素粒子論研究室）に入る。

理想の研究環境創造を目指した故坂田昌一教授＝名大提供

「お互い『さん』づけだし、学生でもすごく威張《いば》っている。誰《だれ》が先生か生徒が区別がつかなかったよ」。東工大を卒業後、益川のいるE研に入った小林昭三は、あまりに自由な雰囲気に面食らった。

E研は、焼け跡の名古屋で、理想の研究環境の創造を目指した坂田の実験の場でもあった。

戦時中の一九三九（昭和十四）年、名大は「最後の帝国大学」として医、理工の二学部でスタート。四二年に理学部が分離独立すると、東京大や京都大から新進気鋭の学者たちが集められた。その一人が坂田だった。

四五年三月の名古屋大空襲後には、

長野県富士見村（現富士見町）に教室ごと疎開。教員、学生は小学校や民家の軒《のき》を借り、研究の灯《ひ》をともし続けた。坂田はそこで、英国の物理学者、バーナルが民主的な研究体制の必要性について著《あらわ》した「科学の社会的機能」を熟読。新しい組織の構想を練った。

坂田を駆り立てていたのは、二度の大戦を通じての苦い反省だった。

「戦争をますます悲惨なものとした原因が科学の進歩によるものであることは否定できない事実であり、研究組織の封建制の除去と民主的再建に尽くすことは、われわれの社会的責任である」

終戦後、物理学教室の仲間たちにそう熱く説いた坂田。その理念を実現させるための「憲法」づくりが始まり、四六年六月、「教室憲章」は制定された。「教室の運営は民主主義の原則に基く」——。冒頭で高らかにそう、宣言した。

17 教室会議

民主主義、能力伸ばす

名古屋大物理学教室で、教授選考などの人事や予算を決定する「教室会議」。一九七〇（昭

昭和42年ごろに名大で開かれた研究会後の打ち上げで湯川秀樹氏（右）と懇談する坂田昌一氏（左）と益川さん（左から２人目）＝名大提供

和四十五）年四月の議事録をひもとくと小林誠の発言がある。

この日の議題の一つは、ある研究員の人事。

十四の研究室の九十四人に交じって、小林は語った。「（研究室のメンバーは）研究能力のみでなく、教室運営などに参加することも考慮する。（だから）今回はペンディング（保留）にしたい」

小林は、博士課程の二年になったばかり。「全員参加」の民主主義だから、大学院生でも発言できた。その教室運営は、「学問の前に皆平等」というE研（素粒子論研究室）の坂田昌一の理念を反映していた。

そうした改革を社会にも広げようと、

著作などを通じて発信した坂田の下《もと》には、全国の大学から学生が集まる。

東大から名大院に入った小林の一年先輩、鈴木恒雄も「民主的な運営に関心を持った」とE研を目指した動機を語る。

名大で開かれた素粒子論の研究会に、日本で初めてノーベル賞を受賞した湯川秀樹が訪れたことがあった。

湯川は常識からかけ離れたような理論を披歴《ひれき》した上で、思い切った研究に取り組むよう若い研究者たちを励ました。

その湯川にかみついたのは、一介の大学院生の益川敏英だった。「先生は功成り名を遂《と》げたからそんなことが言えるんだ」。実績のない若い者にそんな突拍子《とっぴょうし》もないことはできない、と。

「何でも言えるE研のよさを最も活用したのが益川さん。能力を思い切り伸ばせたのでは」。四年後輩の松岡武夫の見方は、E研の皆に共通している。

18 コロキウム室

おしゃべりと世界最先端の議論が同居

宇宙にはどんな基本粒子があって、どのような力が作用してできているのか。そんな議論をしていても、個性は色濃く出る。

E研（素粒子論研究室）教授の坂田昌一は、付いたあだ名が「へ理屈の坂田」だった。突っ込み方もねちっこい。「強がりの何某《なにがし》」「言い訳の誰《だれ》それ」もいた。相手が坂田でも「それ、違うんじゃない」とさえぎる益川敏英は「いちゃもんの益川」の名をいただいた。

E研にある二十畳ほどのコロキウム（討論）室。益川と小林誠は一九六〇年代後半から七〇年代にかけて、そこで仲間たちと熱い議論を交わした。

毎週、世界中の研究者が発表した最新論文二十―三十本を報告する「速報」と、興味深い論文について検討する「コロキウム」が開かれた。

報告する学生がつっかえたり、不明瞭《めいりょう》な点があると矢のように質問が飛ぶ。「とにかく激しくて容赦《ようしゃ》ない。報告者が泣きそうになるくらい」とは、益川と同期の北門新作の回想だ。

教官、学生の別なく意見を言い合う。たびたび口火を切ったのは益川。二年後輩の近藤

昭和35年ごろ、E研のコロキウム室で議論する研究員ら＝名大提供

弘樹は「人をかきわけないとしゃべれなかった」と苦笑する。

小林も修士課程のときから、先輩に負けていなかった。一年上の松岡武夫は「マコちゃんは、われわれのアイデアに『うまくいかないんじゃないの』と言って鋭い質問を浴びせてきたね」。

コロキウム室は、だんらんの場でもあった。菓子をつまみ、コーヒーを飲みながら新聞を読む。卓球や囲碁をしながら世間話をする。かと思うと突然、物理の議論が始まり、黒板で計算を始める。日常のおしゃべりと、世界最先端の議論が同居していた。

19　結婚式

新しい日本の姿を模索《もさく》

「山椒《さんしょう》は小粒でもぴりりと辛《から》い益川君　しっかり屋で時には甘えん坊の高橋さん」

「彼は素粒子を知りたい　民主的な社会を築きたいと　彼女は平和で豊かなくらしが出来る世の中をと　共にがんばっています」

一九六七（昭和四十二）年十一月。益川敏英、高橋明子の結婚式祝賀会の招待状に書かれた言葉だ。

明子は名古屋大の職員で、益川らの研究の手伝いをしていた。益川は助手になったばかり。二人を祝福しようと、仲間たちによって「結婚式祝賀会実行委員会」が組織された。

益川や小林誠が名大で過ごしたのは学生運動全盛の時代。日米安保条約改定や水爆実験、ベトナム戦争反対のうねりが全国に広がり、学生が重要な担《にな》い手となった。

益川も小林も、名古屋市役所前などで行われたデモにたびたび参加した。二人の恩師、坂田昌一は原子力の平和利用に精力的に取り組み、米原子力潜水艦の寄港時には他の研究室とともに講師団を結成。益川が反対運動の会場に講師として派遣されたこともあった。

そんな時代の空気の中で、学生たちは既成の価値観や因習の意味を考え、疑問を持ち、

婚約時代の益川さんと明子さん＝名大で

新しい日本の姿を模索《もさく》した。「結婚」も、その対象だった。

「家庭の民主化とは」「家同士の結び付きでなく本人同士の意思が大事」「平和だからこそ結婚も、研究もできるんだよね」。祝賀会実行委ではそんなことを論じ合い、ふさわしい祝い方を考えた。

二人の結婚式は神や仏の前でなく「友前」で開かれ、坂田は仲人でなく「式司者」。結《ゆい》納《のう》金もなし。親の説得が大変だったが、「益川があまりに理路整然と説明するので、父は何も言えなくなってしまって」と明子はふり返る。

20　京都へ　独創性、世界の常識覆《くつがえ》す

冷え込む京都の北野天満宮を、益川敏英は小林誠と連れだって散策した。

一九七二（昭和四十七）年の冬。京都大助手への就職がその年の春から決まっていた小林と再会した。益川は「成功報酬で」と、賽銭《さいせん》をあげなかったことだけは覚えている。

二年前に京大助手に移っていた益川は三十二歳、小林二十七歳。「脳が一番働くのは三十前後。今やらなきゃ」。大脳生理学にも関心があった益川は友人らによく漏らしていた。

名古屋大の坂田昌一の下で研究に励んだ二人は「また一緒にやろうか」と、どちらからともなく言った。

選んだのは「CP対称性の破れ」。宇宙に反物質がなく物質だけが存在する「ミステリー」をどう解き明かすか。「破れ」は、八年前に実験で見つかっていたものの、仕組みの解明は難問とされていた。

同僚となった二人は五月半《なか》ば、研究にとりかかる。

そのころ、京大・素粒子論研究室の大学院生だった九後《くご》太一が益川の部屋で修論の指導を受けていると、小林が突然入って来た。

昭和51年、京大・素粒子論研究室のメンバーと京都・鞍馬にハイキングに訪れた小林さん(右)。中央は九後さん

黒板に数式を書き始める小林。「これならどうだろう」「やっぱりうまくいかんなあ」。何の議論をしているのかさっぱり分からない九後の前で、二人はそれぞれ考えてきたことをぶつけ合っていた。

職員組合の支部書記長を務め多忙だった益川は、大学への行き帰りに思索を続けた。京都市伏見区の公団住宅に帰っても、玄関先にかばんだけ置いて家の周囲を歩き回りながら考えた。夜はノーベル賞の朝永振一郎をまね、酒瓶を横に計算式を練った。

九月半ばの京大の素粒子論研究室。「基本粒子のクォークが六種類あれば、CP対称性の破れが説明できる」。学術雑誌に投稿したばかりの理論を、小林がメンバーに説明した。「六つ？　いくら何でも、それはないだろう」。三種類と言われていたクォークを一つ増やす仮説だけでも当時の常識からすれば大胆だったのに、一気に倍とは。九後らには、あまりに突拍子《とっぴょうし》もない発想に思えた。学界も無反応だった。

論文は、六七年に米の物理学者らが発表した理論に基づいていた。世界中の研究者がその正否に疑問を持つ中、二人は京都と名古屋でそれぞれ、その理論に関心を抱き、素粒子学の新たな方向性を敏感につかんでいた。

京大の素粒子論研究室を出て、今は名大のE研（坂田研）を継ぐ山脇幸一は言う。「二人の独創性は、世界の潮流から超然とした名古屋の研究室で培《つちか》われた」と。

坂田が吹き込んだ進取の気風と自由闊達《かったつ》な空気にあふれるE研。その扉《とびら》は、志ある研究者を迎え入れるために、いつも開かれている。二人がいた四十年前と変わらないまま。

21 光る物質

新分野　名大で出会う

オワンクラゲから緑色蛍光タンパク質（ＧＦＰ）を発見し、ノーベル化学賞に輝いた下村脩《おさむ》。「光る物質」を追い求めて米国で成し遂げた研究の原点は、益川敏英、小林誠同様、名古屋大理学部の研究室にあった。

益川が名大に入学する三年前の一九五五（昭和三十）年。二十六歳の下村は教授の平田義正と向き合っていた。

「お世話になります」。長崎大薬学部の研究室で実習を手伝っていた下村は、新天地の名古屋で研究生として生物化学を学ぶはずだった。だが、恩師に勧められた教授がたまたま出張中で、教授の後輩の平田に師事することに。そして天然物化学という新しい分野と出会う。

平田は一年前、有機化学研究室の教授として独立。益川の恩師、坂田昌一らが物理学教室で進めていた自由で民主的な研究環境は、平田の化学教室にも広がっていた。

「テーマを与えると、後は学生に任せっぱなし。自力で問題を解決することを学んだ」。平田の下で助手を務めた柿沢寛は言う。

昭和31年ごろ、研究に打ち込む下村脩さん(左)=名古屋大で

平田は下村に、ウミホタルの発光物質ルシフェリンの精製というテーマを与えた。当時の平田研で、自らが取り組んだフグ毒の解明と並んで重視していたテーマ。米プリンストン大が二十年も前から取り組み成功していなかった難題だった。

下村は、朝から晩まで実験室で過ごす。「天然物化学で名大は新参者だったが、これからリードしていくんだという気概があった」。下村とともに学んだ大橋守は当時の雰囲気を懐かしむ。

失敗続きで「万策尽きた」と思っていた約一年後。実験室で歓声が上がる。大学院生の中田尚男が近づくと、幾重にも鋭く伸びた長さ五ミリほどの赤い針状のものがロウトの上にあった。ルシフェリンの結晶だった。

「生涯で一番うれしかった」と下村。発光物質に魅せられた下村はこの成果が認められて四年後に渡米、オワンクラゲと出会った。

◇第一部は、二〇〇八年十二月八日から同月二十九日まで、中日新聞朝刊に連載した「名古屋ノーベル賞物語」に加筆したものです。文中敬称略とさせていただきました。

第一部　受賞報道

第一章　受賞決定

二〇〇八年十月八日朝刊

日本人三氏　ノーベル賞

名大コンビ　小林、益川氏
素粒子物理で南部氏と

スウェーデン王立科学アカデミーは七日、二〇〇八年のノーベル物理学賞を、小林誠・高エネルギー加速器研究機構名誉教授（六四）と益川敏英・京都産業大教授（六八）、南部陽一郎・米シカゴ大名誉教授（八七）＝米国籍＝に贈ると発表した。小林氏と益川氏は名古屋市生まれ、名古屋大卒で、同大出身者の受賞は初めて。両氏は一九七三年、宇宙や物質の起源にかかわる「CP対称性の破れ」と呼ばれる現象を理論的に説明し、物質の基になる素粒子のクォークが自然界に少なくとも六種類は存在することを予言した。南部氏は「自発的対称性の破れ」という考え方を六〇年に発表して素粒子理論に導入、物質が質量を持つ仕組みなどの説明に貢献した。

日本人のノーベル賞は二〇〇二年の小柴昌俊・東京大特別栄誉教授、田中耕一・島津製作所フェロー以来で南部氏を含め十五人、物理学賞は七人となる。

小林氏と益川氏が発表した「小林・益川理論」は、宇宙が百三十七億年前にビッグバンで誕生した際は物質と反物質が同じだけでき、衝突しエネルギー（光）となって消滅したはずなのに、今の宇宙にはなぜ物質だけが残ったのかを説明する「CP対称性の破れ」という現象は、クォークが最低でも六種類なければ起きないと、その仕組みを行列の計算を通じて解き明かした。当時はクォークが三種類しか知られておらず大胆な予想だったが、九五年までに発見された。

物質と反物質を構成する粒子に微妙なずれがある「CP対称性の破れ」によって現在の宇宙が存続できていると考えられており、両氏の理論は現在、素粒子物理学の基礎となる標準理論の一部を構成している。二人は同年、第四十八回中日文化賞を受賞した。

理論の正しさは二〇〇一年に高エネルギー加速器研究機構（茨城県つくば市）の「Bファクトリー」など日米の実験で確認された。

南部氏は、まっすぐに立っていた棒がどこかに倒れるように、自然は特別なある方向を選んで対称性が破れるという考え方を物理学に導入。宇宙が誕生した直後には質量がなかった素粒子が質量を持つようになる仕組みを説明し、現代の素粒子理論の基礎を築いた。

南部理論は、ノーベル賞を受賞したワインバーグ・サラム理論、小林・益川理論へとつながった。今回のノーベル物理学賞は、日本の伝統ともいえる理論物理学が、現代物理学の発展に大きく貢献していることを示した。

賞金は一千万クローナ（約一億四千万円）。南部氏が半分、小林氏と益川氏が四分の一ずつ受け取る。授賞式は十二月十日にストックホルムで開かれる。

◇　◇　◇

小林氏　益川氏　異質交わり『理論』生む

努力家で実験データにも詳しい小林氏と、いろいろなことに興味を持ち数学的なテクニックにたけた益川氏。異なるタイプの絶妙な組み合わせが、ノーベル賞に輝いた「小林・益川理論」を生んだ。

二人が、素粒子論でディスカッションし始めたのは、益川氏が名古屋大助手で、五年下の小林氏が同大大学院に進学してから。益川氏は小林氏の印象を「大変よくできる学生」、小林氏は益川氏を「洞察力の鋭い、数学に強い人」と見ていた。

間もなく、益川氏は京都大に移ったが、手紙のやりとりなどで議論を続けた。二年ほどして小林氏も全国公募に応じて京大助手に。二人の議論はさらに深まった。

益川氏は小林・益川理論の基本となった行列の扱いに詳しく、ＣＰ対称性が破れるような新しい物理モデルの種をいろいろ考え出してきた。

「新しいアイデアを思いついて小林君に持っていくと、彼は実験例を挙げて『これは矛盾する』『これはあかん』と全部つぶしちゃう」と益川氏。小林氏も「考え方が違うと両方とも譲りませんから」と、当時の激しい議論を振り返る。

こうしてアイデアを出してはつぶすことを繰り返すうち、二人はクォークが当時知られていた三種では、どうやってもCP対称性の破れは説明できないのではないか、という考えに行き着いた。

ある日、入浴中の益川氏が、風呂桶《おけ》をまたいだ瞬間「あっ、六元にすればいける」とひらめき、クォークが六種類あるモデルを小林氏と詰めに詰めた。

最終的に英語の論文を書いたのは小林氏。益川氏が「英語は極端に苦手」だったからだ。そのわずか六ページの共同論文は、一九七三年に世に出た。

その後、小林氏は研究機関に移って研究に打ち込んだが「授業好き」の益川氏は、大学を離れなかった。今も京都産業大で講義を続け「若い人の好奇心をくすぐりたい」と、科学の魅力を伝え続けている。

◇

まだ信じられない

小林誠さんの話

われわれの仕事がノーベル賞に値するとは思わなかった。まったく予想しておらず、突然のことで驚いている。昔の仕事で賞をいただくのは奇妙な感じがし、まだ信じられない気持ちです。

◇

受賞予測していた

益川敏英さんの話　わたしたちが正しいということは二〇〇二年と〇三年の実験で分かり、それがうれしい。ノーベル賞の出し方には規則性があって、科学者としてノーベル委員会の動きをウオッチしていると、どういう具合に賞を出すかが分かる。昨年までは絶対受賞はないと思っていたが、今年はある程度は予測はしていた。南部陽一郎先生が

会見で笑顔を見せる益川敏英・京都産業大教授（京都市北区で）

ノーベル物理学賞受賞が決まり、笑顔で会見する小林誠・高エネルギー加速器研究機構名誉教授（東京都千代田区で）

（賞を）取ってくれたのが非常にうれしい。自分としては大してうれしくない。社会のお祭り騒ぎだ。

◇

ちょっと驚き、光栄

南部陽一郎さんの話　（候補として注目されるのが）毎年のことで期待していなかった。ちょっと驚いた。大変光栄です。受賞はスウェーデンの王立科学アカデミーからの電話で知りました。小林さん、益川さんの研究は性質が少し違うが、非常に大きなノーベル賞に値するものだと思う。（二人の受賞は）非常にうれしい。三人の組み合わせは意外ではないと思う。

◇◇◇

略歴

小林誠氏（こばやし・まこと）　一九四四（昭和一九）年四月七日、名古屋市生まれ。六三年愛知県立明和高卒、六七年名古屋大理学部物理学科卒、七二年に同大大学院理学研究科博士課程を修了し、同年京都大理学部助手。七九年文部省高エネルギー物理学研究所（現高エネルギー加速器研究機構）助教授。八五年同教授。二〇〇三年同機構素粒子原子核研究所長。〇六年に退官し名誉教授。〇七年日本学術振興会理事。八五年日本学士院賞、九五年に中日文化賞。つくば市在住。

◇**益川敏英氏（ますかわ・としひで）**　一九四〇（昭和一五）年二月七日、名古屋市生まれ。五八年名古屋市立向陽高卒、六二年名古屋大理学部物理学科を卒業。六七年同大大学院理学研究科博士課程を修了し、同大理学部助手。七〇年京都大理学部助手。七六年東京大原子核研究所助教授。八〇年京大基礎物理学研究所教授。二〇〇三年京都産業大理学部教授。同年京大名誉教授。〇七年一〇月から名大特別招へい教授。八五年に日本学士院賞、九五年に中日文化賞。京都市在住。

◇**南部陽一郎氏（なんぶ・よういちろう）**　一九二一（大正一〇）年一月一八日、東京生まれ。旧制福井中学、旧制一高を経て四二年東京大理学部物理学科卒。五〇年から五六年まで大阪市立大教授。五六年に米シカゴ大に招かれ、五八年から同大教授。九一年から名誉教授。文化勲章（七八年）やイスラエルのウォルフ賞（九四年）、米国のベンジャミン・フランクリンメダル（二〇〇五年）など受賞。七〇年に米国籍取得。米科学アカデミー会員。シカゴ在住。

吉報に喜び控えめ

ナゴヤが生んだ二人の研究者が七日、ノーベル賞受賞者に決まった。名古屋に生まれ育ち、名古屋大で学んだ生粋のナゴヤ人コンビの小林誠・高エネルギー加速器研究機構名誉教授と、益川敏英・京都産業大教授。「小林・益川理論」と呼ばれる素粒子論での共同受賞だが、小林さんが「われわれの仕事がノーベル賞に値するとは」と控えめに喜べば、益川さんは対照的に「大してうれしくない」。少年時代を福井市で過ごした南部陽一郎・米シカゴ大名誉教授も合わせたニッポン人の〝トリプル受賞〟に、恩師や同僚、教え子たちからは祝いの声が続々。ナゴヤが沸いた。

◇

小林さん

『昔の論文　奇妙な感覚』

「研究者にとって最高の賞。まだ信じられない気持ちです」。受賞の一報を受けて、記者会見場となった東京都内の日本学術振興会の会議室に姿を見せた小林誠さんは、時折困っ

ノーベル物理学賞受賞が決定し、記者に囲まれる小林誠・高エネルギー加速器研究機構名誉教授＝7日夜、東京都千代田区で

たように頭に手をやりながら、訥々《とつとつ》と喜びを語った。「対象は、三十年以上も前に書いた論文。昔の仕事で賞をいただくのは多少、奇妙な感覚」と戸惑いも見せた。

長年、ノーベル賞の有力候補と言われ続け、物理学賞の発表日は記者が職場につめかけるのが恒例行事になっていた。「今年も例年と変わらない気持ちで、発表日を迎えた」

子供のころは特に理科が得意なわけではなかった。一つのことに集中するタイプでもなく、今後も「興味があることをやっていきたい」と淡々と話す。

受賞実績の研究については「考え方の枠組みを準備するのに時間はかかっ

たが、いったんストーリーが見えてくるとさほど難しくなかった」という。「あまりエピソードはないんですよ」とも。

会見の途中で麻生太郎首相から携帯に電話が入った。「最近明るいニュースが少なかったのでよかった」と祝福され、「どうもありがとうございます」と笑顔に。若い人へのメッセージを求められると「自分を信じて大いに頑張ってほしい」とエールを送った。

益川敏英さんからも電話が入った。小林さんが「何かありますか」と話を向けると、益川さんは「また会う機会があるでしょうから、その時話しましょう」。パフォーマンスが苦手な研究者らしいやりとりに会見場からは笑いが漏れた。

◇

益川さん

照れ?『うれしくない』

七日午後七時二十分、京都市北区の京都産業大で発表を待っていた益川敏英さんは口を真一文字に結び、紅潮した顔で会見場へ現れた。

「今年は可能性が高いと思っていた。科学者としてノーベル委員会をウオッチングした成果」と笑った。

会見ではまず、尊敬する大先輩・南部陽一郎さんとの受賞を喜んだ。「大変尊敬している。

笑顔で会見する益川敏英・京都産業大教授＝７日夜、京都市北区で

南部先生の受賞が実現したことが日本人として一番うれしい」

ただ、自身の受賞に話を向けられると「何を言ったらいいんだろう」と天をあおいで困ったような表情。「大してうれしくないです。世界の研究者から評価されたときの方がうれしいから。あとは社会のお祭り騒ぎだけです」ときまじめな科学者の顔になった。

受賞対象となった研究を発表してから三十年以上。「人ごとみたいな感じ。益川という人がやったらしいぞ、と」と、ちゃめっ気たっぷりに笑って見せた。

小林誠さんについては「彼はシャイな人。僕とやっていてもけんかになることもない」と、人物評を披露した。

日本の素粒子研究が評価された今回の受賞については「湯川（秀樹）、朝永（振一郎）の伝統があり、そういうことを通じて、物理にあこがれを持った側面がある。日本の科学離れの歯止めになればうれしい」と語る。

英語も苦手で、これまで海外へ行ったことがない。「妻にいつもぶーぶー言われていた。今回は（ストックホルムへ）連れて行きます」と笑った。

午後八時すぎ、麻生太郎首相からかかった電話で、次世代への言葉を求められ、「科学にロマンを持つことが非常に重要。あこがれを持っていれば勉強しやすい」と答えた。

◇

南部さん
『受賞には満足』

ノーベル物理学賞を受賞した米シカゴ大の南部陽一郎名誉教授は七日朝（日本時間同日夜）、自宅で電話取材に応じ「受賞は大変、光栄。正直言って驚いています」と喜んだ。

「日本の理論物理学は、湯川さん、朝永さんらが既にノーベル賞を受賞しており、レベルの高さは世界で周知されていた」と先人の研究に敬意を払い、「私の素粒子理論も何十年も研究され、応用されてきている。その意味では新しいことではないが、今回の受賞には満足しております」と話した。

座右の銘は『愛知』

本紙単独インタビュー

益川敏英さんが受賞決定後、本紙の単独インタビューに応じた。

―名古屋大卒で初めての受賞です。

名大は帝国大としては末子。設備は整ってなかったけれど、教官ははつらつとしていた。若々しい雰囲気の中で学問ができたのは幸福だったと思う。

―家族への連絡は。

朝出てくる時に、妻に「今日はやばいぞ」と言っていた。これくらいのことが予測できないことには科学者ではない。奥さんは「またなんか言ってるわ」と信じていなかったけど。午後七時ごろに報告すると、「いや、いろいろ用意もあるし、困ったなあ」と。

―名大時代の恩師・故坂田昌一教授へは。

「坂田先生の下で仕事を始められて、僕は幸せだった」とお伝えしたい。本当は坂田先生に賞を取っていただきたかった。われわれが受賞できて多少なりとも〝坂田物理〟を世界に顕示できた。坂田先生も「益川君、良かったね」と甲高い声で喜んでくれるだろう。

――座右の銘は。

「愛知」。フィロソフィーの意味。地元の愛知県も掛けてます。

『究極の粒子』を予言

湯川氏以来 お家芸
宇宙のナゾに迫る

物質は原子から組み立てられ、原子は陽子や中性子から成り立っている。では、これ以上分割できない「究極の粒子（クォーク）」はないのか――。それを見つけ出すことは常に科学の最先端テーマだった。小林誠・高エネルギー加速器研究機構名誉教授と益川敏英・京都産業大教授は、未発見の究極粒子の存在を予言。湯川秀樹博士以来、日本のお家芸ともいえる素粒子物理学の最前線を切り開くきっかけをつくり、なぜこの宇宙が存在するのかというナゾに迫った。

■議論、数カ月…

宇宙の物質を作っている「粒子」には、質量が等しく正負が逆の電気を帯びた「反粒子」がある。陽子は正の電気を帯び、反陽子は質量が等しく負の電気を持つ。

粒子と反粒子は、電気の正負を除いて、まったく同じ性質を持つと考えられ、「CP対称性」と呼ばれてきた。ところが一九六四年、粒子と反粒子が電気の正負以外にも微妙に異なる反応を示すことが実験で観測された。それが「CP対称性の破れ」だ。

なぜCP対称性が破れるのか。一九七二年、京都大理学部の助手となった小林氏は、先輩の益川氏とともに「CP対称性の破れ」という物理学の難問に取り組み始めた。

両氏は数カ月の議論を重ね、破れが説明できないのは究極粒子とされるクォークの種類が足りないからだと気付いた。当時見つかっていたクォークは三種類。七三年、クォークが六種類以上あれば破れが説明できるとする論文を専門誌「理論物理学の進歩」に発表した。

■反響はなし

論文はわずか六ページ。クォークが六種類以上という話は最後のページにようやく登場する。クォークが三種類しか知られていない当時としてはあまりに大胆な発想で、ほとんど反響はなかった。「二百人の研究者に論文を送ったが、誰も関心を示さなかった」（益川名誉教授）という。

ところが、まもなく四種類目のクォークが見つかり小林・益川理論は注目を集める。七七年には米フェルミ国立加速器研究所が五種類目のクォーク「ボトムクォーク」を発見すると、小林・益川理論は広く受け入れられるようになった。

六番目の「トップクォーク」は日米欧が競い合った結果、九五年にフェルミ研究所が見つけ出し、小林・益川理論の予言は的中した。

さらに九九年から、高エネルギー加速器研究機構と米スタンフォード大で「CP対称性の破れ」現象を詳しく調べる実験が始まり、99・99%以上の確率で小林・益川理論が正しいとの結果が出された。

■標準理論となる

素粒子理論の分野では、ほとんどの実験結果を説明できる「標準理論」が確立している。小林・益川理論は未知の素粒子の予言だけでなく「CP対称性の破れ」の難問を解決し、標準理論の一部として重要な位置を占めている。素粒子物理学の教科書には、両氏が考え出した小林・益川行列が必ず出てくる。

日本のノーベル賞受賞一号の湯川秀樹氏は、パイ中間子と呼ばれる素粒子を予言した。続く朝永振一郎氏は、素粒子に力を働かせる場の性質を明らかにした。日本の素粒子物理学の理論がトップレベルにあることがあらためて示された。

メモ

クォーク

物質を構成する基本粒子である素粒子の一群。アップとダウンの「第一世代」、チャームとストレンジの「第二世代」、小林・益川理論が予言した「第三世代」のトップとボトムの計六種類がある。原子核の中の陽子や中性子は、クォーク計三個から成る複合粒子。電子やニュートリノなど「レプトン」と呼ばれる素粒子も三世代、六種類ある。世代数が増えるほど重く、不安定になる。宇宙の大部分の物質は安定な第一世代の粒子だけでできている。素粒子には、このほか電磁気力を媒介する光子など四種類の粒子がある。さらに質量を生み出すヒッグス粒子（未発見）があると考えら

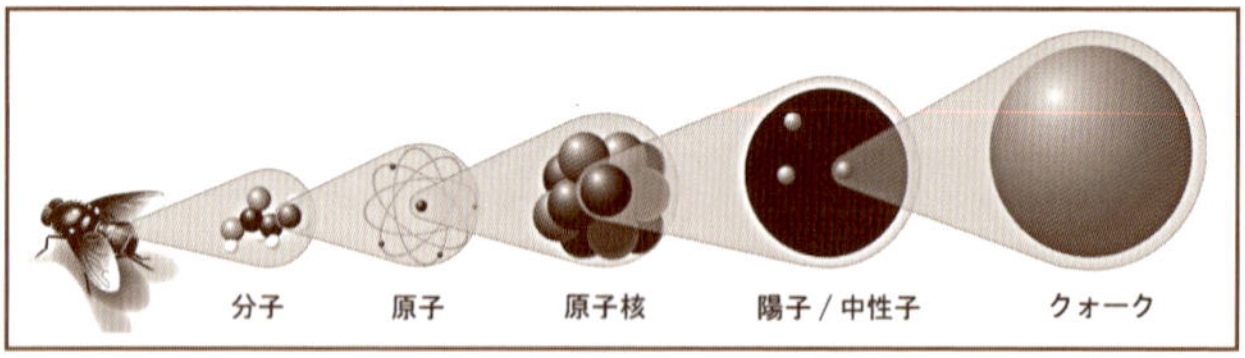

クォークの種類

第1世代	第2世代	第3世代
アップ	チャーム	トップ
ダウン	ストレンジ	ボトム

……小林・益川理論が予言

れている。

CP対称性の破れ

「C」はチャージ、「P」はパリティーの略。チャージは粒子の持つ電荷を示し、パリティーは鏡に映した鏡像の世界を示す。粒子の電荷の正負を入れ替え、鏡に映すと反粒子になる。CP対称性が破れるとは、粒子と反粒子が異なる性質を持つことを示す。

二〇〇八年十月八日夕刊

ノーベル賞　一夜明け
『三知性』偉業たたえ

ノーベル物理学賞の発表から一夜明けた八日、受賞が決まった小林誠、益川敏英、南部陽一郎の三氏は、祝福に喜びをかみしめながら、偉業の軌跡を振り返った。研究への情熱、学問への愛着、若い人たちへのアドバイス―。淡々と語りながら、大きな成果を挙げた共同受賞者には、互いの努力をたたえる言葉を贈り合った。

◇

益川さん

涙…南部さんを仰ぎ見、成長

「尊敬する南部先生との受賞は最大の喜び」。ひょうひょうとした表情が一転したのは、話が南部さんに及んだ時。八日朝、京都産業大で会見に臨んだ益川さんは、ハンカチで涙をぬぐった。

「大学院に入って南部先生の論文を丹念に何度も何度も読み、しゃぶりつくしたのが私の基礎」と話す。南部さんがいなければ今の自分もいない。「先生は仰ぎ見るほどの偉大な物理学者。その先生と…」。込み上げた涙を抑えきれず言葉を詰まらせた。

午前七時前、京産大に姿を見せた益川さんは、待っていた大勢の報道記者やカメラマンに「みなさんも大変ですね」。受賞決定を伝える新聞各紙を眺めながら、取材を次々とこなした。

この後、京大でも会見。受賞決定直後に「特にうれしくない」と話したことを聞かれると「研究者仲間からあなたたちの理論は正しかったよ、と言われることがうれしいんだと伝えたくて、ちょっと突っ張った言い方になった」とはにかみ、「人間ですから、当然、人から褒《ほ》めてもらうのはうれしいです。あまのじゃくなんですよ」。

◇

同時受賞となった南部陽一郎・米シカゴ大名誉教授のことに話が及び、感極まって涙を見せる益川敏英さん＝8日午前、京都市北区の京都産業大で

小林さん

われわれの理論の礎《いしずえ》 築いた

「あまり自分が出てくるのは見たくないです」。小林さんは理事を務める都内の日本学術振興会で会見し、新聞やテレビでの反響の大きさを問われると照れ笑いを浮かべた。ホテルで六時間寝たものの、茨城県つくば市の自宅に戻る時間はなし。妻恵美子さん（五五）には電話で「帰れない」と伝えただけといい、友人からのお祝いも「見る時間がなくて」と悲鳴を上げた。

あらためて受賞の感想を問われ「大変重い賞をもらい、重荷を感じている」と顔を引き締め、南部さんについて「われわれの研究の理論の基礎を築いた人で、当時から大変尊敬していた。南部先生と一緒に受賞なんて、何より」と喜んだ。

ノーベル賞受賞決定から一夜明け、笑顔で会見する小林誠さん＝8日午前、東京都千代田区一番町で

益川さんとともに過ごした名古屋大を「学生にとって快適な場所。あらゆることを自由にで

きた」と懐かしんだ。

若い研究者には「一つのアプローチにこだわらず、多くの可能性を自ら切り開いていく中で成果は出てくる」とアドバイスする一方で、「時間があればやりたいことは？」と問われると、こう答えた。「物理です」

◇

南部さん
発見は何年も考えた結果

「（新たな理論の発見は）ひらめきではない。何年もあれやこれや考え続けた結果です」。

ノーベル賞受賞の喜びを語る南部陽一郎さん＝7日午後、米イリノイ州シカゴの自宅で

南部さんは七日午後（日本時間八日未明）、シカゴの自宅で本紙などのインタビューに応じ、結実した地道な研究生活を振り返った。

受賞の知らせはスウェーデンからの午前五時すぎの電話。就寝中で「非常に驚いた」という。その後、数時間で百社以上のメディアから取材依頼が殺到した。

今年はスイス・ジュネーブにある世界最大規模の素粒子研究施設で、宇宙誕生の謎に迫る大型実験装置が稼働を開始。南部さんの理論を基にした新たな粒子の発見が期待されており、「今回の稼働と受賞は関係あるのかもしれませんねえ」と思いを巡らせた。

東大や大阪市大を経て渡米し、一九七〇年に米国籍を取得した。日本では何年も研究室で自炊し、寝泊まりする日々が続いたが「米国は研究だけでなく社会環境や生活環境も（日本とは）大いに違った。自由な雰囲気にひかれた」。

米国籍の取得も「ある意味自然な選択だった」とする。以来、研究に没頭し日本に帰ることなど考えなかったが、「年を取るとそういうこと（郷愁）も出てきますね…」。

八十七歳となった今も毎週大学に通い、勉強会に出席する。「考えることは好きですから。これからもずっと研究は続けたい」

座談会

名大ノーベル賞トリオ結集 小林さん、益川さん 野依さんと座談会

（二〇〇八年十月十一日朝刊）

今年のノーベル物理学賞受賞が決まった小林誠さんと益川敏英さんが十日、中日新聞の求めに応じ、同化学賞を二〇〇一年に受けた理化学研究所理事長で名古屋大特別教授の野依良治さん（七〇）を交え、東京都内の日本学術振興会で日本の研究のあり方などについて語り合った。

小林さんと益川さんは名古屋大卒で、野依さんは名大教授時代に受賞。三人はいずれも中日文化賞受賞者で、名大が生

幅広いテーマで語り合った、左から小林誠、益川敏英、野依良治の３氏＝10日、東京都千代田区で

んだ「ノーベル賞トリオ」による初の座談会は、基礎研究の現状から教育論、名大の研究風土まで、テーマは多岐にわたった。

（司会は科学部長・引野肇）

『知る喜び』与えて
科学に国境はない
成果主義が心配だ

◇　◇　◇

■使命■

―ノーベル賞受賞者は日本の科学技術を先導することが求められている。

▼**小林さん**　日本学術振興会の理事になって一年ぐらいたつ。これまでいろんな分野について勉強してきたが、それだけではやっていけなくなった。ちょっと大変な重荷と責任を負わされたなという気はしている。

▼**野依さん**　ノーベル化学賞をいただき人生が変わった。社会的責任が重くなり、学術行政や教育がどうあるべきかということで文部科学省や政府とかかわりが生まれた。一般の方々に科学の楽しさと科学技術の大切さを伝えるよう努力してきた。使命として取り

組んでいる。

▼益川さん 残念ながら私自身は湯川（秀樹）先生がノーベル賞＝一九四九年に物理学賞＝を受賞したという事実を、ずーっと知りませんでした（笑）。受賞した以上、そのような役割を果たしていかないといけないね。

環境

―今回の受賞対象は三十、四十年前の成果。当時と比べて学ぶ環境は良くなっているか。

▼野依さん 四人の日本人の受賞は、日本人の知性、感性が素晴らしいということを明確に示している。国民の多くが自信を持っていいのではないか。私たちが若い時代に比べ、経済状況は格段によくなった。さらに知性、感性をはぐくむため環境を整えなくてはならない。ただ精神的な面で若干劣化しているようにも思う。

▼小林さん 全体としてみれば、野依先生の言われる通り、かなりのレベルまで来ているのではないか。ただ、成果主義とか、応用中心とかに偏りすぎていることを心配してい

る。基礎科学を軽視し、目に見えるような大きな刺激だけを求めているのではないか。それが、結果的にどうなるかという問題がある。

▼**益川さん** 科学は基礎科学が上流で、下流まで五十、百年かかる。今の研究が二十年、三十年先にどうなっているか考えてほしい。「今、受賞した。万歳」だけでは困る。

■名大■

―日本人受賞者のうち三人は名古屋大ではぐくまれた。

▼**野依さん** お二人が名古屋大で坂田昌一先生の下、上下関係のない自由闊達《かったつ》な環境で学ばれたのは非常に大きかった。化学賞の下村脩先生も、多くの偉大な科学者を輩出している名大の平田義正先生の下で育った。

野依良治さん（のより・りょうじ）
1938（昭和13）年、神戸市生まれ。私立灘高卒、京都大工学部工業化学科卒、63年同大大学院修士課程を修了し、京大工学部助手。68年名古屋大理学部助教授、72年同大教授。2003年理化学研究所理事長。04年名大特別教授、06年教育再生会議座長。1982年中日文化賞、2000年文化勲章。

▼**益川さん**　研究には、学生でも自由に議論できる環境が大事だ。当時は、坂田先生は別格だったが、他の教員は「先生」と呼んだら返事をしてくれないという文化があった。上下関係があって下の人が萎縮《いしゅく》したら、学問の探究はできない。後輩が先輩の間違いを正せるような雰囲気がつくれるように、坂田先生は研究室を運営していた。

――小林さんが先輩の益川さんに「駄目」と言い、先輩が悔しくて考えたことがノーベル賞を生んだ。

▼**小林さん**　この分野では、かなり当たり前のこと。私も三カ所ぐらい研究場所を変わったが、『自由でない』という感じを持ったことはあまりない。坂田先生の指導、原理みたいなものが研究室に浸透して、物の見方として大きな影響を与えたのではないか。

▼**野依さん**　坂田先生は湯川、朝永（振一郎）先生＝一九六五年に物理学賞受賞＝と同世代で素粒子をやられたが、さらに先輩の仁科芳

雄先生が学問全体にそういう雰囲気を保たれていた。七十年にわたる伝統が人を介して次々に流れている。

■子ども■

—子どもはもともと科学が好きだが、育つ環境になっていないのでは。

▼益川さん　子どものころ、おやじから学年のレベルより少し先のことを教えてもらっていた。だから学校で自慢でき、なんとなく理科ができるという思いがあり、あとは自分で次々に進めていくことができた。子どもはもともと勉強が嫌いではないし、クイズも好き。科学する心を持っている。好奇心から科学につながっていくような事例をばらまいて、子ども自身が面白いと思うことを一つでも作ってあげるといい。「知る喜び」を与えるのは教師の責任。子どもが不思議だなと思える問いを準備して、先生がきちんと答えることが重要だ。

▼野依さん　子どもはみんな生まれながらに科学者。花や虫は好き、星は見るし、雲は不思議だと思う。そうした感性を伸ばしてあげる必要があり、これは国民全体にかかわる問題。私は小中高、さらに大学の先生の教育観も大事だと思う。

▼小林さん　今は、出来上がった法則が教えられ、それをいかに使うかという観点で教育

されている。例えば、力学の問題を一生懸命、たくさん解かなければならない。でも本当は、サイエンスの営みというのはそういうものではない。そういう認識をどうやって獲得してきたかだとか、歴史でなくても、自分自身でどういう体験からそういう知識を得たかとか。そういうステップを踏むことが少ないのではないか。

女性

―日本人のノーベル賞受賞者で、まだ女性がいないが。

▼**益川さん**　（名大大学院理学研究科出身でお茶の水女子大学長の）郷《ごう》通子さんのように実績を挙げている人がおり、学長という重要な地位にも就いている。ただ、女性には家庭の問題がある。託児所の整備などでこれらをクリアしてあげて、本来の能力が開花できるようにすれば、ノーベル賞受賞者は出てくる。

▼**野依さん**　科学も社会の一部。経済、産業の分野で男女共同参画の考えが進んでいるが、家庭のあり方を無視して進めるのはよくない。米国は共同参画が進んでいるが、徳育や次世代を養成する面で必ずしもうまくいっていない。科学で身を立てたいという女性は十二分にサポートするべきだが、広く社会の豊かさ、次世代のあり方を考えなければならない。その中で科学技術がどう貢献するかという視点が求められている。

▼益川さん　今、女性で活躍している人は、女性であるというハンディを乗り越えてこられた。それは彼女たちが努力して解決する問題じゃなく、本当は周囲が環境整備することが必要。活躍する女性についてジャーナリストが報道して「私たちがやっていいんだ」と思ってもらうことも大切ではないか。

■国際化■

―日本で研究する外国人から受賞者が出てこそ、日本の科学水準の高さを証明できると思うが。

▼小林さん　大学が法人化されて多少ルール上は変わったが、社会的に受け入れる環境が整っていない。全く不十分。一部、共同研究として外国人が提案する分野があるが、組織の構成員という形では全然浸透していない。

▼野依さん　科学に国境はない。私が理事長を務める理化学研究所では研究環境は素晴らしく外国人研究者もいる。しかし、周囲の生活環境は外国人を受け入れる状況になっていない。研究者を支える社会環境が大事だが、日本は極めて排他的。われわれも努力しているが、なかなか環境が整わない。

▼小林さん　言葉の問題もあるが、社会的な条件というか、家族が働けるかどうかなどの

問題がやはりある。

▼益川さん　米国は、いろんな問題を抱えているが、科学の国際交流を進め、世界の科学をリードしているのは事実。日本でも、日本人、外国人双方が研究を発展させる条件が求められている。

▼野依さん　研究者は自分が最も研究しやすいところに流れる習性がある。世界の優秀な人を呼び込むため、魅力的な研究環境をつくることが大事。そうすれば、日本育ちの外国人研究者がノーベル賞を取ることも出てくる。国の内外を問わず、国籍、性別、学閥だとかが介入しているところは、等しく衰退している。科学、芸術、文化など精神性の強い活動に社会的差別は排除すべきだ。

■日本人■

―日本人は、自然に対する畏敬《いけい》の念が強く、自然に対する関心、基礎的な研究が好きなのではないか。

▼小林さん　ある種、精神的に基礎研究を求めているのかもしれない。

▼野依さん　人間を含めすべての生き物は、生きるために自分の環境を知ろうとする本能がある。自然を精緻《せいち》に知る基礎科学はその究極だ。ところが「そんなことしたら食って

いけない」と言われ、好きな道を選べないというように、社会的制約が青少年たちの本来の思いをねじ曲げて違う方向に引っ張っている気がする。

▼益川さん　日本人は社会的な評判の良いところに集まる習性がある。大学院まできて偏差値を自慢する人もいるが、これは科学する心じゃない。外国人であろうとなかろうと、科学であろうと何であろうと、自分が好きだったらやればいい。好きなことに素直に入っていけるような状況を社会がつくればいい。

なぜ？　なに？　素粒子

（二〇〇八年十月二十日朝刊）

棚橋誠治・名大大学院教授に聞く
物質を構成する最も小さい要素
水素原子が地球ならクォークは直径1センチ以下

日本人研究者三人に贈られることが決まった今年のノーベル物理学賞。三人の成果は、素粒子物理学に大きな影響を与えたとされるが、難しくてピンとこない。中学二年の理科子さんが、名古屋大大学院理学研究科教授の棚橋誠治先生（素粒子宇宙物理学）の研究室を訪ね、解説してもらった。

▼理科子さん　素粒子って何ですか。

▽棚橋先生　ここにあるボールペンや、みんなが吸っている酸素、理科子さんの体など、物質を作っている最も小さい要素を指すんだ。昔は、原子が素粒子だと考えられていたけれど、研究が進んで、原子はもっと小さい原子核と電子に分けられることが分かった

んだよ。今は、原子核をなしている中性子、陽子をそれぞれ構成するクォークのほか、レプトンと呼ぶ電子やニュートリノなどが、素粒子だと考えられています。

▼理科子さん　どれくらいの大きさですか。

▽棚橋先生　大きさがあるといえないから素粒子。分かればその中に物があることになるからだよ。クォークの大きさは、原子の一億──十億分の一よりも小さいことが分かっています。水素原子を地球の大きさに見立てると、クォークは直径一センチ以下、パチンコ玉より小さいことになります。

▼理科子さん　三人は何を明らかにしたの。

▽棚橋先生　南部陽一郎さんは、重さがほとんどない陽子や中性子に、重さが生まれる仕組みを提言しました。その中心が「対称性の自発的破れ」という考え方。いまでは素粒子物理学のあらゆる場面で使われる理論になっているんだ。

小林誠さんと益川敏英さんは、なぜ宇宙に物質が存在するのかにつながる「ＣＰ対称性の破れ」について、クォークが三種類しか見つかっ

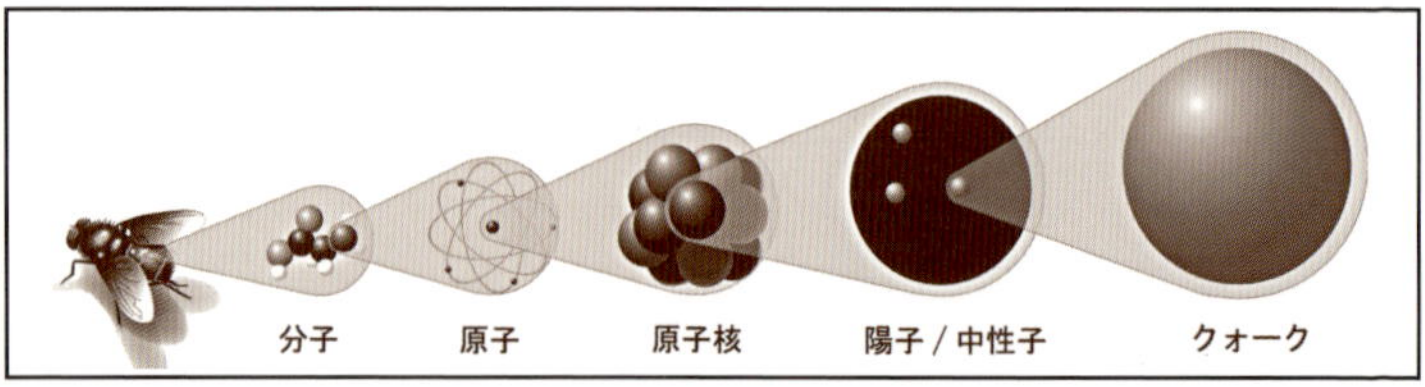

ていない時代に最低六種類以上あればきちんと説明できることを理論上、明らかにしたんだ。

▼理科子さん　実際はどうなの。

▽棚橋先生　その後、加速器という巨大な機械で粒子をぶつけ、粒子をばらばらにして実証されたんだ。小林・益川理論が予言し、最後まで残っていた六種目のクォークも一九九五年に確認され、この時から私たちはノーベル賞を期待していました。「ＣＰ対称性の破れ」についても、小林・益川理論の予測とぴったり一致することが、茨城県つくば市の高エネルギー加速器研究機構や、米国の研究所の実験で分かりました。

▼理科子さん　素粒子の研究で宇宙の謎に迫れるとも報道されていましたが。

▽棚橋先生　科学者は宇宙について、観測された事実に基づいて、昔何が起こったかを考えています。そのため、あらゆる物理法則が分からないといけません。宇宙は百三十七億年前にビッグバンと呼ばれる大爆発で誕生したと考えられています。特に原子核が生まれる以前の、ビッグバンから数分間については素粒子同士の物理法則を理解することが欠かせません。

◎さらに理解を深めるには

●棚橋教授お勧めの本●

「クォーク—素粒子物理はどこまで進んできたか」（南部陽一郎著・講談社ブルーバックス）

「消えた反物質—素粒子物理が解く宇宙進化の謎」（小林誠著・同）

「現代の物質観とアインシュタインの夢」（益川敏英著・岩波科学ライブラリー）

二〇〇八年十月九日朝刊

下村氏　ノーベル化学賞

蛍光タンパク質発見

米大名誉教授　名大で研究、連日快挙

スウェーデン王立科学アカデミーは八日、二〇〇八年のノーベル化学賞を、青色光を吸収すると緑色に発光する「緑色蛍光タンパク質（GFP）」を発見した元名古屋大助教授、元米ウッズホール海洋生物学研究所上席研究員の下村脩・米ボストン大名誉教授（八〇）＝米マサチューセッツ州在住＝と二人の米国人研究者に授与すると発表した。

GFPを作り出す遺伝子を他の生物のDNAに組み込み、紫外線を当てると光る。これを標識にすれば、生体内のタンパク質の働きを生きたまま観察できる。この遺伝子は大腸菌や小さな動物細胞などに組み込むとよく発現するので、生命科学や分子生物学での便利な研究ツールとして世界中で使われている。

下村氏は米ワシントン大にいた一九六一年、オワンクラゲからGFPを発見。その分離

や精製にも成功、紫外線を当てると緑色に輝くことを明らかにした。共同受賞者の二人は、マーティン・チャルフィー・コロンビア大教授とロジャー・チェン・カリフォルニア大教授。九〇年代になって、チャルフィー氏はGFPを生物研究で発光標識として使えることを証明。チェン氏は緑以外の色に発光させることに成功した。

日本人のノーベル賞受賞は、七日に物理学賞の受賞が決まった南部陽一郎・米シカゴ大名誉教授、小林誠・高エネルギー加速器研究機構名誉教授、益川敏英・京都産業大教授に続いて計十六人目。化学賞は〇二年の田中耕一・島津製作所フェロー以来で五人目になる。

授賞式は十二月十日にストックホルムで開かれる。賞金は一千万クローナ（約一億四千万円）で、三人で等分する。

◇

略歴

下村脩氏（しもむら・おさむ） 一九二八年八月二十七日、京都府福知山市生まれ。陸軍将校の父に従い、幼少期を満州（現・中国東北部）、大阪などで過ごし長崎県諫早市へ。十六歳で長崎に投下された原爆に遭遇した。五一年長崎医大薬学専門部（現長崎大薬学部）卒。五五年名古屋大理学部研究生、六〇年にフグ毒の権威で名古屋大の故・平田義正名誉教授の研究室で博士号を取得し、フルブライト留学生として米プリンストン大へ。六一年夏、ワシントン大フライデーハーバー研究所に滞在中に緑色蛍光タンパク質（GFP）を発見。六三〜六五年名古屋大理学部付属水質科学研究施設助教授。その後プリンストン大に戻り、八二年から二〇〇一年までウッズホール海洋生物学研究所上席研究員。ボストン大名誉教授。退職後は自宅で研究を続けている。米マサチューセッツ州在住。八十歳。

◇

メモ

オワンクラゲ

おわんをひっくり返したような形で、大きいもので直径二十センチ。かさは透明で、刺激を受けたり紫外線を浴びたりすると、かさの縁が緑がかって光る。日本各地では冬から夏にかけて各地の沿岸で観察され、米国でも見られる。

医薬発展　欠かせぬ光

難研究　米に先駆け　がん転移発見に効果

緑色蛍光タンパク質（ＧＦＰ）の発見でノーベル化学賞に輝いた下村脩・ボストン大名誉教授。発見当初は自然神秘の解明例のひとつにすぎなかった。光が当たるまで三十年近い年月が必要だった。その研究の発展・応用を手がけたのが共同受賞した二人の米国人科学者であり、がん転移を見つける標識などそれを利用した医学の進歩や新薬開発は、まさに下村氏の発見があればこその成果といえる。

ノーベル賞委員会はこの研究を「レーウェンフックが顕微鏡を発明したことにより、急速に細菌や細胞についての知見が進んだように、ＧＦＰの発見は生化学、生物学、医学の発展に大きな貢献をした」と意義付けた。

下村氏は一九五五年、平田義正名古屋大教授（当時）のもとで、発光生物ウミホタルの研究を始めた。米国のグループが長期間、発光する物質を分離しようと取り組んでいた。下村氏は翌年、米国に先駆けて、問題の物質を手中にした。

この成果によって、下村氏は米プリンストン大に招かれた。平田教授からの餞別《せんべつ》は、博士課程ではない下村氏に、異例の博士号を授与することだった。

■クラゲ1万匹

米国に着くと、下村氏は、オワンクラゲに取り組んだ。興奮すると外側が緑色に発光する。六一年夏、下村氏は彼を招いたフランク・ジョンソン博士と海岸でクラゲを採取。縁を切り取り絞ると、明るく光るものがあった。奇妙なことに緑ではなく、青い光だった。

クラゲ一万匹もの材料を集め、精製すると数ミリグラムの青い蛍光物質が得られた。下村氏はイクオリンと名付けた。

六二年、下村氏はイクオリンが得られた過程を発表した。そして、日光のもとでは薄く緑色がかり、紫外線のもとで緑色に発光するタンパク質を分離したことについても触れた。GFPについての初めての発表だった。

さらに研究を深め、GFPが特別の「発色団」を含み、それがイクオリンの青色光を緑色光に変えていることを突き止めた。GFPが光るには、紫外線か青い光があればいい。光は細胞に入り、GFPと出合う。そうすると緑色に光る。

名古屋大でたまたま与えられたテーマから生まれた研究は共同受賞者のチャルフィー博

士とチェン博士によって発展し、九〇年代以降、広く世の中に使われるようになった。

ＧＦＰは医学研究の場では欠かせない。がん細胞が体のどの部分に転移するかを調べる場合、小さな転移はなかなか見つけにくかった。がん研究に詳しい信州大大学院医学研究科の中島元夫客員教授は「がん細胞にＧＦＰを入れると細胞が数個あれば光る。こんなところにも転移していたのか、と分かるようになった」と話す。

■体の中を観察

薬の効き目を調べるのにも使われている。動物に薬を飲ませて、細胞が光るかどうかで目的のタンパク質が作られているかが分かる仕組みだ。

生物の基礎研究にも重要。ショウジョウバエを使って生きた動物の中で神経回路が作られる様子を初めて観察した東京大の能瀬聡直教授は「細胞の中の分子を研究している人で、使わない人はいない。いつか受賞されると思っていた」と評価する。ＧＦＰの技術なしには観察は不可能だったという。

光るタンパク質はほかにもあるが、特定の化合物と反応しなければ発光しなかったので、動物に取り込ませて観察するのには大きな不都合があった。ＧＦＰは自ら光るため制約が非常に少なく、タンパク質がどう作られ、どんな役割を果たすのかが見えるようになった。

名古屋大の近藤孝男理学研究科長（バイオロジー）＝中日文化賞受賞者＝は、ＧＦＰは遺伝子の発現などを調べるマーカー（標識）として非常に有用で「生物学に非常に大きな貢献をされた」としている。

◇

下村氏らの授賞理由

下村氏は、北米西海岸の海流に乗って漂うクラゲから、初めて緑色蛍光タンパク質（ＧＦＰ）を発見。このタンパク質が紫外線を当てると緑に輝くことを発見した。緑に光るメカニズムの解明にも大きく貢献した。

マーティン・チャルフィー氏は、生物学的現象を調べる上でのＧＦＰの発光標識としての価値を実証。初期の実験で透明な線虫の六つの細胞を着色することに成功した。

ロジャー・チェン氏は、ＧＦＰの蛍光発光メカニズムの全般的な理解に貢献。緑以外の色でも細胞を光らせることを可能にした。

喜びの会見

地方大でも取れる

「日本の地方大学出身者でもノーベル賞が取れるんです」。化学賞受賞が決まった米ボストン大名誉教授の下村脩さんは八日、米マサチューセッツ州のウッズホール海洋生物学研究所で記者会見し、長崎での被爆体験から立ち上がり、頂点を極めた実感と喜びを一語一語に込めた。

同研究所は、下村さんが七年前まで研究を続けた場所。各国記者の質問に、冗談も交えながら、英語で丁寧に答えた。

前日、物理学賞受賞を決めた日本の三人に続く快挙に「日本の基礎研究の高さを示せた。日本にとってとてもいいことだ」と誇らしげに語った。

同時に力を込めたのが、出身大学が長崎医大付属薬学専門部（現長崎大薬学部）であること。「東大、京大の旧帝大がレベルが高いのはご存じの通り。私は小さな地方大学出身です」と胸を張った。

クラゲの発光に目を付けた独自の研究路線は「ほとんど独学」と語り「戦時中は労働に

名古屋大の教え子や学生らと記念写真に納まる下村脩さん（右から３人目）＝2007年２月６日、名古屋市千種区で（名大提供）

駆り出され、戦後は長崎の原爆で破壊され、勉強どころではなかった」と振り返った。

だからこそ若い世代に厳しい注文も。「簡単な科目や研究に逃げがち。情けない。面白いと思ったら最後までやり遂げることが大事だ」と強調した。

下村さん　ノーベル賞　重なる名誉　沸く名大

名大での研究が『基礎』に

『平田門下生』から2人目

野依さんに次ぐ受賞

　ノーベル賞の受賞が決まった下村さんは一九六〇年に名古屋大理学部で博士号を取得し、助教授として在籍。「フグ毒の構造決定」などの研究で世界的な業績を挙げた故平田義正名誉教授＝中日文化賞受賞＝の研究室に所属していた。

　「平田門下生」がノーベル賞を受けるのは、二〇〇一年の野依良治《のよりりょうじ》・名大特別教授に続いて二人目という快挙。平田研はほかにも、岸義人・米ハーバード大名誉教授（七二）＝同＝や、中西香爾《こうじ》・米コロンビア大名誉教授（八三）らを輩出した。

　平田さんは二〇〇〇年に世を去ったが、下村さんは昨年二月に名大で行われた平田さんをしのぶ催しで特別講演し、名大に在籍した理由を「平田先生に非常にひかれ『ぜひここでやりたい』と名大に来た。ここで一生懸命やったことが研究のバックグラウンドになっている」などと話した。

平田さんは東大卒で、一九五四年から名大理学部教授として有機化学講座を主宰。日本の天然物有機化学を世界最高水準へと押し上げたほか、若手研究者を育てる名伯楽としても有名だった。

野依さんを一九六八年に京都大から名大に引き抜き、二十九歳の若さで助教授に抜てきしたのも平田さんだ。

下村さんと一緒にウミホタルを研究した米国在住の岸さんは、本紙の国際電話に「(下村さんは)純粋でいちずな研究者。生物発光物質の研究に一生をささげてきた苦労が報われ、これほどおめでたいことはない」と声を弾ませた。

下村さんの先輩の中西さんは東京都内で受賞決定を知り「本当ですか」と驚いた。下村さんを「研究のテクニシャン」と評し「コツコツ静かに研究する、気持ちのいい男だった」と話し、ともに過ごした名大時代を懐かしんだ。

◈ ◈ ◈

二〇〇八年十月九日夕刊

ノーベル賞　下村さん
『恩師三人がバトン　天の導き』
クラゲ採集　家族も協力　今も自宅で研究

「今の自分があるのは、天の導きだと思う。本当にラッキーです」。ノーベル化学賞の受賞が決まったボストン大名誉教授の下村脩さん（八〇）は八日、古巣である米マサチューセッツ州のウッズホール海洋生物学研究所で本紙の取材に応じ、日米をまたいだ長年の研究生活を振り返った。

戦争中に少年時代を過ごし、終戦は長崎県諫早市で迎えた。「中学では勉強が一度もできなかった。戦争が終わったら、高校に入りたくても内申書を書いてくれる人がいなかった。興味があることをできるような、ぜいたくな環境にはなかったです」。でもその後、原爆で校舎を破壊された長崎医大薬学専門部（現長崎大薬学部）が諫早に移転。「家からすぐ見えるところに仮校舎ができてね。そこに入れてもらったんです。それが始まり」

薬学の道に進み、同大学で安永峻五教授に師事。薬学から化学へと関心が広がる中、安永教授から名古屋へ内地留学を勧められ、名古屋大で平田義正名誉教授の研究室に入った。そこで従事したウミホタルの研究が成果をあげ、米国留学へと門戸が開いた。

「僕は単なる研究生だったが、平田先生が『米国に行くなら博士号くらい持って行きなさい』といって博士号を与えてくれた。『給料も倍になるよ』と笑ってね。ありがたかった」

ノーベル化学賞受賞は「天の導き」と語る下村脩さん＝8日午後、マサチューセッツ州のウッズホール海洋生物学研究所で

と話す。

ウミホタルの研究を評価したプリンストン大に招かれ、同大のジョンソン教授の勧めでクラゲの研究を始めた。それが今回受賞の対象となった緑色蛍光タンパク質（GFP）の発見へとつながっていく。「安永先生、平田先生、ジョンソン教授（いずれも故人）の三人の指導がうまくリレーし

て現在に至った。結局、あてがわれたようなもんですが、そのおかげで今がある。天が決めてくれたんだと思います」

名大の「平田門下生」からは、野依良治氏に次ぐノーベル賞。「ほかにも中西さん（中西香爾コロンビア大名誉教授）や、岸さん（岸義人ハーバード大名誉教授）などすごい人たちがいる。彼らがまだノーベル賞をもらってないのに、誰も知らない僕なんかがもらって…」と謙遜《けんそん》した。

穏やかな大西洋を望む研究所から車で数分の、静かな森の中にある自宅で、下村さんは今も独自に研究を続ける。渡米後、子供二人とともに毎年、万単位のクラゲを採集し、助手も務めた妻の明美さん（七二）は「一生懸命考えている時は何日も物を言わないで過ごす人。でも、研究者はそうだと思います」と、孤高の夫を評した。

第二部　受賞報道

第二章　ストックホルムで

二〇〇八年十二月九日朝刊

ノーベル賞記念講演

日本の実力

科学に興奮

原爆の記憶

今年のノーベル物理学賞を受賞する高エネルギー加速器研究機構名誉教授小林誠さん（六四）、京都産業大教授益川敏英さん（六八）と、化学賞の米ボストン大名誉教授下村脩《おさむ》さん（八〇）が八日、ストックホルム大学で受賞記念講演をした。益川さんと下村さんは戦火に遭った自分の少年時代から語り起こす異色の講演で、聴衆に強烈な印象を与えた。

戦禍《せんか》からの復興の希望と歩を重ねるように育った「時代の子」でもある益川さんは高校時代、後に恩師になる名古屋大の坂田昌一教授の画期的業績を新聞で知った。「科学は欧州で十九世紀までにつくられたと思っていたが今、この地で、名古屋でつくられていると知り、自分もかかわりたいと思った」と、その時の興奮を伝えた。

小林さんは、ノーベル賞候補に挙げられながら今年七月に亡くなった戸塚洋二・東京大特別栄誉教授の写真を見せて「日本の貢献は大きい」と日本の研究力を強調。下村さんは長崎原爆による惨禍《さんか》の写真を壇上の大スクリーンに示し「原爆が落ちたとき、長崎市街から十五キロ離れた工場で働いていたが、運良く生き延びた」と語った。

物理学賞の米シカゴ大名誉教授南部陽一郎さん(八七)＝米国籍＝は、夫人の体調不良を理由に欠席。論文共著者のジョバンニ・ヨナラシニオ・ローマ大教授が業績を紹介した。

三者三様　研究人生語る
益川さん『講演は0点』と笑顔

筋道を立てて論理的に話す小林さん。生い立ちから始まり人間味あふれる益川さん。誠実さの中にユーモアを交える下村さん。八日、ストックホルム大で開かれたノーベル賞受賞記念講演で、三人の日本人研究者はそれぞれ持ち味を発揮し、観衆は惜しみない拍手を送った。

トップバッターは小林さん。時折、左右の聴衆を見渡しながら、用意した原稿を基に語る英語は、よどむことなく、聞き取りやすいスピード。名古屋大時代の恩師の故坂田昌一

8日、ストックホルム大で、ノーベル賞受賞の記念講演を終えた益川敏英さん(右)と小林誠さん

教授や坂田グループが築いた理論を筋道立てて解説。「研究の背景に坂田先生が打ち立てたモデルがあった」と強調した。

続いて演壇に立った益川さんは、まず「アイム・ソーリー。アイ・キャント・スピーク・イングリッシュ」と会場を笑わせ、日本語の原稿を読み始めた。

若いころになかなか論文を書かなかったことについて「画家は習作で何度も構図を変えるように、物理屋も習作を繰り返すもの」と徹底的に思考を巡らせた経験を語った。

講演終了後、益川さんは「益川は英語が話せないことを世界に示した」と笑い飛ばし、この日の講演の点数を「0点」といたずらっぽく言った。

昼休みをはさんで登壇した下村さんは、あいさつ代わりに、今回のノーベル賞の対象となった「緑色蛍光タンパク質(GFP)」の入った試験管をかざして鮮やかな緑色の光を見せ、「二万匹のオワンクラゲからつくりました」と観衆を引き込んだ。「これが息子と娘です」とクラゲを網ですくうのどかな写真を見せ会場を笑わせた。

講演要旨

ストックホルムで八日開かれたノーベル賞記念講演の各受賞者のテーマは、小林さんが「CP対称性の破れとフレーバー混合」、益川さんが「CP対称性の破れがわれわれに語ったこと」、下村さんが「GFP(緑色蛍光タンパク質)の発見」。欠席した南部さんの代わりに登壇したジョバンニ・ヨナラシニオ・ローマ大教授は「素粒子物理の自発的対称性の破れ」と題して南部さんの業績を伝えた。(講演要旨は次の通り)

小林さん

素粒子研究　日本が貢献

一九五六年に名古屋大の坂田昌一教授が提唱した「坂田模型」は現在のクォーク理論の先駆けとなった。それをもとに名古屋模型が提唱された。

七三年に発表した益川氏と私との共著論文では、当時注目され始めていたゲージ理論を使い、CP対称性の破れが起きる条件を調べた。

その結果、クォーク四種では破れが起きないことが分かり、一つの可能性としてクォーク六種の模型を提唱した。

その後、加速器の実験方法が発展して六個のクォークが確認された。

CP対称性が破れる仕組みの検証は、米国のスタンフォード大と高エネルギー加速器研究機構（KEK）にそれぞれ建設された加速器「Bファクトリー」で試みられた。六種のクォークが互いに移り変わる「フレーバー混合」が、K中間子やB中間子で発生するCP対称性の破れの主な原因であることが確認された。

（クォーク以外の）電子やニュートリノなどのフレーバー混合に関する実験では、東京大などのスーパーカミオカンデ（SK）やKEKで飛ばしたニュートリノをSKで検出するK2K実験、東北大などのカムランドなどで実験され、ニュートリノ振動を確認。日本が大きく貢献している。

◇

益川さん　六種論文　湯船で考えた

電気技師を目指しながらも砂糖問屋を営んでいた父は、自分の知識を自慢するように、息子に理科の知識を、面白さを教えてくれた。

高校二、三年生のころ「名古屋大の坂田昌一教授が画期的なモデルを発表した」という新聞記事を読み、地元の名古屋で科学がつくられているなら加わりたいと強く思った。大学では新しいことを学ぶたび「そちらに進みたい」と思ったが、大学院は坂田研究室に入った。当時、南部陽一郎博士の自発的対称性の破れの論文に強い興味を抱いた。

研究室の勉強会で、CP対称性の破れを発見したフィッチ博士とクローニン博士の論文に出合い強い印象を受けた。だが、どこから切り込むべきか分からず八年間寝かせることになった。

やがて弱い力と電磁気力を統一する理論が現れると、CP対称性の破れの問題に取り組む時が来たと直感。一九七二年に京都大助手に着任した小林君と再会、CP対称性の破れを取り上げた。

クォーク四種のモデルではうまくいかず一カ月ほど苦闘した。風呂に入りながら、四種では破れが説明できないという論文を書こうと決心し、湯船を出ようとした。四種へのこだわりが消えた瞬間、六種でいけばと気付いた。六種なら破れの原因となる複素位相が残るのは、それまでの計算から明らかだった。

◇

下村さん 実験室がクラゲ工場に

長崎に原爆が落ちたとき十六歳だった。長崎から十五キロの工場で働いていて生き延びた。現在の長崎大薬学部に入学。教官の安永峻五先生は親切だった。

一年間、名古屋大の平田義正教授の下で学ばせてくれた。平田教授からはウミホタルの発光物質のテーマをもらい、十カ月ぐらいかけて構造が分かった。

それがもとでフルブライト留学生となって氷川丸で渡米。プリンストン大のジョンソン教授にオワンクラゲの研究を与えられた。

当時、生物発光はルシフェラーゼの反応と考えられていた。

私はそれに反対し、ジョンソン教授と別々に実験して大変だった。湾にボートを浮かべて一人で実験法を考えた。

十分なタンパクを得るにはクラゲ五万匹が必要。朝に採集し午後は抽出、また夜もとった。実験室はクラゲ工場。においが充満した。

クラゲの光る組織から緑色蛍光タンパク質（ＧＦＰ）が見つかった。二十年ほど前に合成した化合物に似ており、構造が簡単に分かった。

ＧＦＰの特徴は、タンパク質の鎖の中に色素があり遺伝子を使って作れること。九〇年代にクラゲが減って自然からとれなくなったが遺伝子工学で作れるようになった。

二〇〇八年十二月十一日朝刊

邦人三氏　栄光胸に　ノーベル賞授賞式

二〇〇八年のノーベル賞授賞式が十日午後四時半（日本時間十一日午前零時半）から、ストックホルムのコンサートホールで行われ、日本人研究者三人が栄光の舞台に立った。

授賞式では、物理学賞の小林誠・高エネルギー加速器研究機構名誉教授（六四）、益川敏英・京都産業大教授（六八）と、化学賞の下村脩・米ボストン大名誉教授（八〇）らに、スウェーデンのカール十六世グスタフ国王からメダルと賞状が授与された。

物理学賞の南部陽一郎・米シカゴ大名誉教授（八七）は授賞式は欠席したため同日、駐米スウェーデン大使から授与。

日本人の受賞はこれで計十六人。同じ年に四人の日本人が受賞するのは初めて。

平和賞の授賞式は同日、ノルウェーの首都オスロ市庁舎で行われ、インドネシア・アチェ州など世界各地で紛争解決に取り組んできたアハティサーリ前フィンランド大統領（七二）の功績をたたえた。

ノーベル賞授賞式に入場する（手前から２人目から）小林誠さん、益川敏英さん、下村脩さん
＝10日午後、ストックホルム市内のコンサートホール

名大トリオ　金字塔

緊張、淡々　晴れ姿

花と音楽に満ちあふれた舞台の上に日本を代表する三人の科学者が並んだ。十日午後（日本時間十一日未明）、ストックホルムのコンサートホールで催されたノーベル賞授賞式。物理学賞の小林さんと益川さん、化学賞の下村さんらの偉業を世界がたたえた。自然の謎に挑《いど》み真理の一部を手にした三人の晴れ姿は、後に続く学生や子どもへの最高のメッセージとなった。

モーツァルトの行進曲で華々しく始まった授賞式で、小林さんが全受賞者のトップを切ってカール十六世グスタフ国王からメダルと賞状を受け取った。小林さんの次には益川さん、下村さんと名大トリオが続いた。

約千五百人の招待客らが迎える中、燕尾服《えんびふく》姿の小林さん、益川さん、下村さんの順に登壇。鮮やかな花で彩られた壇上中央にはノーベルの胸像。益川さんが緊張した表情を見せた一方、小林さんと下村さんは淡々とした顔つきで席に着いた。それでも益川さんは、オーケストラが演奏する中、指でリズムを取る余裕も見せた。

プレゼンターが「素粒子物理に不可欠である対称性の破れに関する画期的業績で受賞さ

れた。心よりお喜び申し上げます」と日本語で紹介すると、会場からはどよめきが。小林さんはグスタフ国王から賞状とメダルを受け取ると時折、笑顔を見せた。益川さんは、終始硬い表情で、通常三回するおじぎが一回多かった。

ノーベル賞授賞式に臨む小林誠さんと妻の恵美子さん
＝10日、ストックホルム市内のホテルで

　下村さんも日本語で業績を紹介され、笑顔で賞状とメダルを受け取ると、グスタフ国王と二、三言葉を交わした。

　授賞式に向かう直前のホテルでは、小林さんはオレンジ色の着物姿の妻恵美子さんに燕《えん》尾《び》服《ふく》を整えてもらうと、少し照れ笑い。「（授賞式は）間違わないようにやるだけです。自然体で」とリラックスしていた。

　益川さんは、薄茶色の着物姿の妻明子さんをくるりと回して着物をチェック。「緊張するわけないじゃない」と

益川敏英さんの服装を整える妻の明子さん
＝10日、ストックホルム市内のホテルで

言いながらも少しぴりぴりしていた。

燕尾服《えんびふく》は初めてという下村さんは「ノーベル賞を取るということは本当に大変なことなんですね」としみじみ語り「今日が無事終わってくれれば楽になります」と笑った。妻明美さんはえんじ色のドレス。「私も本当は着物を着られるといいんでしょうけど、もう長いこと着ていませんから」と話していた。

第三章　名古屋大記念講演

小林、益川両氏　母校名大で講演

（二〇〇九年二月七日）

昨年のノーベル物理学賞を受賞した高エネルギー加速器研究機構特別栄誉教授の小林誠さん（六四）と京都産業大教授の益川敏英さん（六九）の記念講演会（中日新聞社共催）が七日、母校の名古屋大で開かれ、約千二百人を前にして、受賞理由となった小林・益川理論に至るまでの経緯や素粒子物理学の面白さを語った。

名古屋大で講演し聴衆の質問に答える益川敏英さん（左）と小林誠さん
＝７日午後、名古屋市千種区で

二人がノーベル賞受賞後、日本で同時に講演するのは初めて。

小林さんは研究内容に触れながら「益川さんとの仕事で貢献できたの

はうれしく思う」、益川さんは京都大時代、湯川秀樹博士に議論をふっかけたエピソードなどを挙げ「研究で世界の時流から多少脇道を歩いた。それでも生きるチャンスはあった」と互いに研究生活を振り返った。

ノーベル物理学賞受賞記念公開講演会

宇宙と物質の根源　『対称性の破れ』のかなたに

小林さん講演要旨

クォーク解明　日本の力

物質は原子からでき、原子は原子核の周りを電子が回っている。原子核は陽子と中性子からなる。陽子と中性子は二種類のクォークからできている。クォークは六種類、電子の仲間のレプトンも六種類あることが分かっている。

クォークとレプトンには三種類の力が働いている。電荷《でんか》の間に働く「電磁相互作用」、原子核を結びつける「強い相互作用」、中性子が陽子などに壊れる反応を引き起こす「弱い相互作用」だ。六種類のクォーク、レプトン、三つの力の枠組みを「標準模型」と言う。

クォークは一九六四（昭和三十九）年に提唱されたが、五五年に名大の坂田昌一教授が主張した坂田模型が背景にある。坂田教授は、陽子や中性子は、さらに基本粒子から構成されていると考えていた。六二年にレプトンが四種類あることが明らかになり、クォークも四つとの四元模型の考え方が生まれた。

七〇年代に四元模型を元に六元の標準模型が完成した。完成の決定的要因は、七一年にトフーフトの提唱により、電磁相互作用の「くりこみ理論」が、強い相互作用、弱い相互作用でも同じレベルで説明できるようになったことにある。もうひとつは七〇年代半ばまでに新しいクォークが相次いで発見されたことだ。

七〇年代に入って注目された理論の枠組みの中で、われわれはいかに「ＣＰ対称性の破れ」を説明できるかを考えるようになった。分かったことはクォークの四元模型ではＣＰ対称性の破れを証明できず、六元なら可能ということだ。これが七三年に発表した益川さんと私の論文だった。

程《ほど》なく四番目のクォークが、七五年に五番目のレプトンであるタウ粒子が発見された。五、六番目のクォークを誰もが認めざるを得なくなり、われわれの論文が注目を集めるようになった。七七年に五番目、九五年にようやく六番目のクォークが見つかった。

ＣＰの破れがクォークによるものかを実

験的に確かめる動きも出てきた。五番目のボトムクォークを含むB中間子の崩壊でCP対称性の破れが非常に大きくなることが指摘された。

CPの破れを実験で検証するため米国のスタンフォード大と茨城県の高エネルギー加速器研究機構に、B中間子をつくる加速器Bファクトリーがそれぞれ建設された。電子と陽電子を衝突させ、B中間子がどのタイミングで崩壊するかを検証。CP対称性の破れは、クォークのフレーバー（種類）が変わるフレーバー混合が主な原因であることが証明された。

しかし、宇宙の物質でなぜ反物質が消えたかを説明するには、フレーバー混合以外のCP対称性の破れのメカニズムが必要と考えられている。フレーバー混合は、実験室レベルの破れはほぼ説明がつくが、宇宙では別の考えが必要だ。

レプトンのフレーバー混合は日本人により実験的に

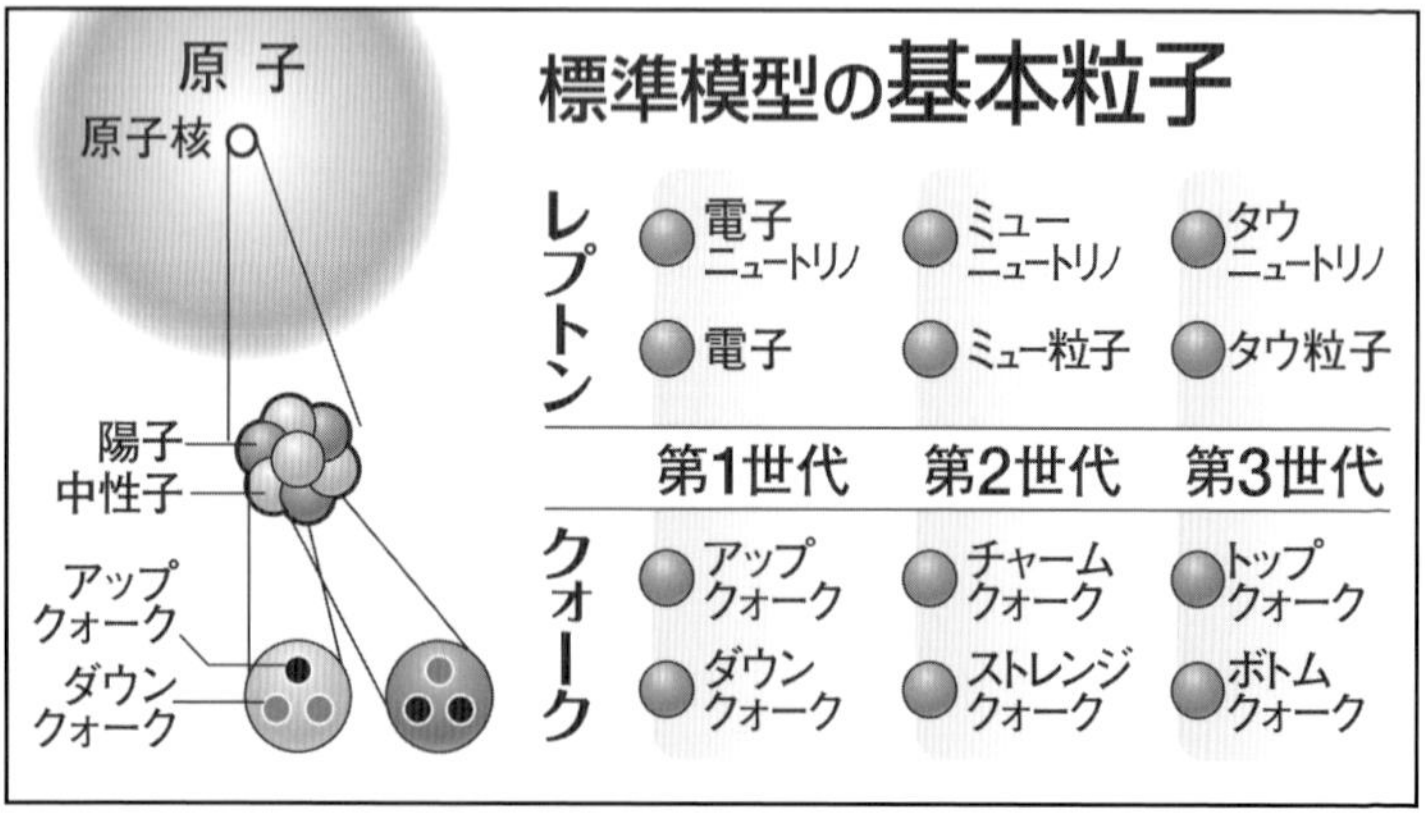

標準模型の基本粒子

レプトン	● 電子ニュートリノ	● ミューニュートリノ	● タウニュートリノ
	● 電子	● ミュー粒子	● タウ粒子
	第1世代	第2世代	第3世代
クォーク	● アップクォーク	● チャームクォーク	● トップクォーク
	● ダウンクォーク	● ストレンジクォーク	● ボトムクォーク

検証された。宇宙からの宇宙線が大気と反応してつくられる大気ニュートリノの振動は岐阜県のスーパーカミオカンデで発見された。ニュートリノ振動はニュートリノに質量があることを意味する。人間がつくったニュートリノでも日本で検証実験が行われている。

レプトン、クォークについて理論、実験両面で日本の貢献は大きい。そんな中、益川さんとの仕事で貢献できたことをうれしく思っている。

益川さん講演要旨

湯川博士にあえて議論

一九五五（昭和三十）年、素粒子物理学者は度肝《どぎも》を抜かれた。当時信じられていた、鏡に映したように左右を入れ替えても物理法則が不変であるという「パリティー対称性」が破れているらしいと言われ出したからだ。

それについて問われたパウリという偉い先生は「私は神様が左利きだとは思わない」と言ったらしい。だが、女性研究者のウーさんはパリティーが対称でないことを実験で示した。「神は左利きだった」ことを証明したという意味ではなく、パリティーの非対称を通じ「弱い相互作用」の構造が明確に分かってきたという意味で重要だった。

だが、パリティーは非対称だけど、右と左を入れ替えるのと同時に粒子と反粒子も入れ替える「CP変換」をしてみると、対称性が保存されていることが分かった。素粒子論屋は対称性が大好きなのでよかったよかったと思ったが、世の中甘くない。六四年、フィッチとクローニンという人が、CP対称性が破れていたということを実験的に証明する。

新しく出た論文を紹介し合う研究室の速報会で、私が大学院に入って最初に当番になったとき、フィッチらのその論文があった。駆け出しの若造には解決できなかったが、のどに刺さった小骨のように残った。

日本では、弱い相互作用を使った理論はあったが、どういう構造になっているかを分析するような理論はなかった。ヨーロッパには理論的諸問題を追いかけている人が一部だがいて、私はその流れをフォローしていた。

七一年、トフーフトらの研究成果を機に私は、CP対称性の破れの問題を取り上げる時期が来たのではないかと思った。小林さんも、私とは違う道筋だがこれを取り上げる時期が来ていると考えていた。七二年に京大で一緒になり、この問題を取り上げることになった。

だが、クォークが四つの四元モデルではなかなかいい解決法がない。ダメという論文を書こうと決心したとき、つきものが落ちたように、じゃ、六個にすればいいじゃないかと思いついた。

私は弱い相互作用の理論的諸問題を追いかけていたが、日本では弱い相互作用は、当時一番完備していた理論的枠組みの一つである「場の理論」では記述できないという一種の信仰があった。

そのことを坂田（昌一）先生や湯川（秀樹）先生にも申し上げた。私の考えでは、場の理論を変更しなければいけないいならば、それのどこがまずいかを明らかにしてみて初めて分かるはず。坂田先生に議論を吹っかけたが、基本的にははぐらかされた。湯川先生には「場の理論が使えないという先生の主張は分かります。でも、トップダウン的にちょこちょこっといじって場の理論を変えることができると思いますか」と、額から汗が出る思いで話した。怒鳴られるか

と思ったら、会議が始まるといって先生は連れて行かれた。

当時の日本の理論研究者は、場の理論は使えないだろうと異口同音に言っていた。だが、どこがどうまずいのかを突き詰めて分析しているグループはヨーロッパにはあったが日本になかった。日本の研究のアプローチの欠点ではなかろうか。

弱い相互作用の歴史を通じて、素粒子学は六〇―七〇年代進んだと思う。その中で、大きな世界の時流からは多少脇道を歩いていた人間にも生きるチャンスはあった。そういうことではなかろうかと思っている。

◇　◇　◇

解説

山脇幸一・名古屋大理学研究科教授

素粒子　10±30乗㎝の旅

素粒子というと難しそうだが、身近にある。その例は電子と光子。電流は電子という素粒子の流れ。電流が変動すると電磁波が発生するが、その正体は光子という素粒子だ。

物質を顕微鏡でズームインして見ていくと、物質は分子の集まりで、分子は原子が集まっている。原子では、原子核の周りを電子が回っている。原子核は陽子と中性子からなり、陽子や中性子はクォークでできている。

クォークは現在、第一世代のアップ、ダウンと、第二世代のチャーム、ストレンジ、第三世代のトップ、ボトムという六種類が発見されている。小林・益川理論が証明したのは、このボトム、トップという第三世代がないと、「CP対称性の破れ」という現象は起きないということだ。

「CP対称性」のCはチャージで粒子が持つ電荷《でんか》、Pはパリティーで鏡に映した鏡像の世界を示す。粒子の電荷の正負を入れ替え、鏡に映すと反粒子になる。「CP対称性が破れる」とは、粒子と反粒子が異なる性質を持つことを示す。現在、粒子だけからできている宇宙が存在するには、CP対称性がちょっとだけ破れていないといけない。

左右対称な振り子のイメージ図で見ると、二つだと対称的に同じ動きをするが、三つだと複雑に動きが絡んで、違う動きになってしまう。クォークが三世代あることで、粒子と反粒子の振る舞いに違いが現れるイメージを示している。

今まで顕微鏡でズームインしてきたが、望遠鏡で百億光年以上離れた大宇宙の果てを見ることは、宇宙全体が素粒子しかなかった時代を見ることと同じだ。十のプラスマイナス三十乗センチメートルをそれぞれ見ることにより、同じ世界を探っている。

解説

杉山直・名古屋大理学研究科教授

破れ一〇億分の一の差

素粒子と宇宙はまるで関係ないように見えるが、実は非常に密接な関係がある。

粒子同士を加速器を使ってすごい運動エネルギーで衝突させれば、新しい粒子が作れる。

茨城県つくば市のBファクトリーは、光の速度の99・999998%まで加速して衝突させる。スイス・フランス国境にはもっと大きなLHC（大型ハドロン衝突型加速器）がある。サイズは一周二十七キロで、ちょうど地下鉄名城線（名古屋市）と同じ。故障したが、夏ぐらいには稼働する。

宇宙の始まりのビッグバンは、加速器で作り出すような超々高エネルギー状態だった。だから宇宙の研究というのは、素粒子の研究にそのままつながる。

ビッグバンの始まりには粒子と反粒子がほぼ同じ数だけ存在していたが、衝突を繰り返して消えてしまう。宇宙誕生の四秒後までに、反粒子は消えてなくなった。一方、粒子は反粒子より、十億個に対して一個多かったので、粒子だけ残った。

今、宇宙に残っている元素は、十億分の一の確率をくぐり抜けて生き残ったもの。このおかげで、百億年後に星や銀河、惑星が誕生し、人類が生まれる環境が整った。

宇宙進化最大の謎はなぜ粒子が反粒子より多かったか。その理由は、まだよく分からない。ただし、どうも粒子と反粒子の物理法則に違いがあることを示す「CP対称性の破れ」が関係するらしい。粒子から反粒子、反粒子から粒子に変わる確率が異なっていれば、粒子の数が多くなる。

小林・益川理論は、なぜ現在の宇宙に物質があるのかという謎に大きなヒントを与えた。

ただし、この理論だけでは、残っている物質の量を完全には説明できない。それを説明できれば、次のノーベル賞が狙えるだろう。

メモ

粒子と反粒子

物質を構成する粒子にはスピン（回転）や質量が同じで電荷《でんか》が異なる反粒子がある。二つは衝突すると光などを出して消えてしまう。ＣＰ対称性があれば粒子と反粒子に働く物理法則は同じになる。実験的にＣＰ対称性が破れていることが確認されている。宇宙が生まれたとき、粒子と反粒子は同じ数だけ作られたが、今の宇宙に反粒子は残っていない。ＣＰ対称性が破れているからとされる。

弱い相互作用

自然界にある四つの基本的な相互作用の一つで、素粒子の間に働く。主に、原子核が電子とニュートリノを放出して崩壊、別の種類の原子核に変わる現象である「ベータ崩壊」を引き起こす力として知られる。基本相互作用にはほかに「強い力」「電磁力」「重力」がある。

会場でのQ&A（益川さん・小林さん）

考えて、発見『楽しい』　小林さん

―高校時代に、自分の将来をどう考えていたのか。

▼益川さん　坂田昌一先生（故人、元名大教授）が素粒子複合模型「坂田モデル」を提唱したのが一九五五（昭和三十）年。私は高一だった。自分の暮らす名古屋で素粒子研究がされていることに衝撃を受けた。科学は欧米で、せいぜい東京でつくられていると思っていたので。だったら家業の砂糖問屋を継ぐのではなく科学者にまぜてもらおうと考えた。

▼小林さん　高校のときは将来について何も考えていなかった。もっぱら遊んでいた。

―進路選択に迷っているがアドバイスを。

▼小林さん　好きなことをやるのが一番良いのではないか。

▼益川さん　「勉強」という日本語は、苦しみを強いるという意味。あれはよくない。英語の「study（スタディ）」には知る楽しみという意味がある。自分の専門を見つけるということは、努力しなくても集中できることを見つけることだと思う。探せば絶対見つ

かる。

―高校時代の愛読書は。

▼**小林さん**　愛読書というわけではないが、高校時代にアインシュタインとインフェルトが書いた「物理学はいかに創《つく》られたか」を読んだ記憶がある。当時、多くの人が読んだと思うが。

▼**益川さん**　毎週土曜日の午後に古本屋に行っていた。いろいろな本を読んだが、一番面白かったのは数学関係。終戦から十数年たっていたが新しい本はなかなか出なかった。そこで戦前の本を見つけることが楽しみだった。

―入試では苦手な英語をどうカバーしたのか。

▼**益川さん**　名大理学部に入るのに必要な得点を調べた。五教科千点満だったので英語が零点でも八百点残っていると考えた。八百点あれば、合格できると。ただ、少しでも英語で得点しようとしたので、最終的には英語は二百点満点で三十数点だった。皆さんは絶対にまねしてはだめ。

―科学者の理想像は。

▼**益川さん**　一番楽な答え方は坂田先生。ただ、研究者には、それぞれ個性がある。こんな点がすてきだとか好きだとか。理想の研究者像と言った場合、おそらく一人の研究者

がいるわけではない。

▼小林さん　研究者の一番の楽しみは、結果の大小に関係なく自分の頭で考えて新しいことを発見すること。質問に対する適切な答えかは分からないが、そういうことを続けていきたいというのが私の望み。

勉強より、スタディを　益川さん

―研究を支えるモチベーションは何か。

▼益川さん　研究に力を注げないと思うなら、それは道を間違えたということ。仕事を変えるべきだと思う。

▼小林さん　一つの研究テーマということに限れば、私はあまり一つのことを追い求めることがないので、その意味ではあまりモチベーションということを考えたことはない。

―研究に行き詰まったときの解決法は。

▼小林さん　行き詰まるのはしょっちゅう。私の場合は棚上げする。頭の片隅ではその問題を考えているので、少し時間をおくのがいい。発酵するというほどではないが、時間とともに意味が変わっていく。それを待っている。

▼益川さん　私はまず、その問題がすぐに答えが出せるものかどうかを判断する。出せないのなら次の機会まで待つ。一方、答えは出せそうだが難しくて突破できない場合は徹底的に歩く。机に向かうと思考が停止する。博士論文の指導をしていて難問に直面したとき、大学まで片道五時間を歩いて往復し、良い解決方法を見つけた。途中で休憩はしたが。

—自分を天才だと思うか。

▼益川さん　面白くかつ何とか手が出せそうな問題を見つけたときに、天才だと思う。でもそれを調べていき、だんだんと明らかになるにつれ、おれはただの人だと。研究の醍《だい》醐《ご》味《み》にも関連すると思うが。

▼小林さん　思いません。

—もし違う道を歩んでいたら。

▼益川さん　簡単。砂糖問屋のおやじ。

▼小林さん　そんなに違うことはしていない。エンジニアとか。

—奥さんからどんな支えがあったと感じているか。

▼益川さん　大学で研究をサポートする仕事をしていた人なので研究者の生態をよく理解し、快適な環境をつくってくれた。

▼小林さん　重要なサポートを受けた。
―子育て中の若い父母へのアドバイスを。
▼小林さん　私は子どもは別人格という立場。あまり干渉はしないほうがいいのでは。
▼益川さん　子どもがどうあるべきかという点で、両親の考え方がそろっていないとしんどいと思う。
―初めての海外旅行となるストックホルムはどうだった。
▼益川さん　それまでは「理論物理学者だから、行かなくても分かることは分かる」と言っていたが、間違いだった。実際に行かないと分からないことがあった。やはり行くべきだ。
―大量に買ったチョコレートは。
▼益川さん　益川キャラから、おちゃめだと話題になったが、私以外にも大量に買った人はいた。自分が関係する研究所にスタッフや秘書が何人もいて、それぞれにおみやげを配っていたら大変。一箱持って行って「分けてください」とすれば効率がいい。理論物理学者だからそういうこともきちんと考えた。
―名古屋大の良かった点は。
▼益川さん　五八年の入学当時、非常に若々しい雰囲気があった。先生が若く学生との距

離が近かった。今の名古屋大はキャンパスもきれいになり、ある程度、落ち着きが出て次の局面にきている。その中で学生が伝統をどう身に付けていくかが問われている。

▼**小林さん**　大学に入ったときは数学にしろ物理にしろ、高校時代とは全く違う考え方で学んだ。それが衝撃だった。だから一番勉強したのは学部のころ。大学院時代は、先輩や先生と非常に濃密に接した時代だった。

◈　◈　◈

ノーベル化学賞　下村さんが講演

『名大での経験生きた』

（二〇〇九年三月二十六日）

昨年のノーベル化学賞を受賞した、米ウッズホール海洋生物学研究所特別上席研究員の下村脩さん（八〇）＝ボストン大名誉教授、名古屋大特別教授＝の記念講演会（中日新聞社共催）が二十六日、研究者として過ごした名古屋大（名古屋市）であり、約千二百人を前に、名大での研究がノーベル賞につながった人生や発光生物の魅力を語った。

講演後に園児からクラゲ型メダルを贈られ、笑顔を見せる下村脩さん
＝26日午後、名古屋市千種区の名古屋大で

下村さんは一九五五年、平田義正・名古屋大名誉教授（故人）の下でウミホタルの研究を始め、発光物質を取り出すことに成功。「夜も寝られないほど興奮した。偶然だったとはいえ、どんな難しいことも努力すればできるという自信を持った」と、研究者として転機となった名大時代を振り返った。

その成果を基に渡った米国で六一年、オワンクラゲから、ノーベル賞の受賞理由となった緑色蛍光タンパク質（GFP）を発見。会場で、下村さんはＧＦＰが入った試験管に紫外線を当て、緑色に光る様子も再現した。

医学や生命科学などの研究に欠かせなくなったＧＦＰの発見について「オワンクラゲの奇妙に光るタンパク質を精製中に偶然見つけた。その発光の仕組みを解明できたのも、名大時代の経験があったからだ」と語った。

講演後、名大の学内保育園の園児らから手作りのクラゲ型メダルを贈られた。会場の名大豊田講堂には名古屋港水族館が採取したオワンクラゲが展示され、多くの人が列をつくった。

◇

講演要旨

平田先生の言葉　天の導き

ＧＦＰは、オワンクラゲの研究中に副産物として発見した。発見は天の導きによるものであり、天は私を使って人類にＧＦＰを与えたのではないかと思うことがある。

一九四五年、疎開先の長崎で原爆に遭った。戦後の混乱で私を入れてくれる学校はどこにもなく、二年間の浪人生活が人生で最も惨めだった。長崎大薬学部で助手をしていたとき、教授が一年間の内地留学の許可を取ってくれ、五五年、一緒に名大の研究者を訪れた。

しかし東京へ行っていて留守で、教授の知人の平田義正教授（名大名誉教授・故人）にあいさつに行った。数分雑談して辞去するとき「いつからでも来ていいです」と言われた。勘違いか故意か分からないが、平田先生の言葉は天の導きかもしれないと思った。これが生物発光の研究へと私を導いた。

平田研究室でのテーマは、ウミホタルの発光物質ルシフェリンを結晶で取り出すこと。十カ月間努力して成功した。偶然とはいえ、米国の偉い学者らができなかったことを学識も経験もない私が成し遂げた。この成功は、終戦以来、灰色だった私の将来に希望を与えた。最も大きな収穫は「どんなに難しいことも努力すればできる」ということだった。

ボート上でひらめいた

この研究成果を知ったプリンストン大のジョンソン教授から声がかかり、六〇年に渡米。オワンクラゲの研究をすることになり、六一年、（西海岸の）島で研究を始めた。

クラゲの発光器は暗いところで刺激すると、緑のリングが見える。はさみでリングだけを切り取り研究した。当時、すべての生物発光はルシフェリンと酵素の反応で起こると考えられていて、それを抽出しようとしたが、うまくいかなかった。私は「とにかく光る物質を抽出しよう」と提案したが、ジョンソン教授は聞いてくれなかった。実験室で私と教授が別の研究を続ける気まずいことになってしまった。

生物発光研究では発光物質を発光しない状態で溶かし出し、分離、精製しなくてはならない。これが難しい。阻害物質を使い、一時的に発光を止め、抽出しようとしたが、うまくいかず、実験をあきらめた。ボートの上で波に揺られながら考えて一週間たった時、ひらめいた。生物の発光にはたぶんタンパク質が関係するから、酸性度（pH）で変わるはずだ。リングをpH4で抽出し、ろ過したところ、予想通り全く光らなくなった。ついに抽出法を発見したと思った。

次の瞬間に驚いたことが起きた。実験液を流しに捨てたら、ぱーっと明るく青く光った。流しにあった海水が発光に関係したと思った。原因は海水中のカルシウムだとすぐに分かった。

その後、一万匹のクラゲから抽出した発光物質を精製し、翌春、数ミリグラムのほぼ純粋な発光物質が得られた。微量のカルシウムを加えると青い光を放つ奇妙なタンパク質で「イクオリン」と名付けた。精製中に緑の蛍光を放つ物質も微量、発見したので抽出した。それがGFPだった。

イクオリンが生理学や生物学で役立つことが分かり、光るメカニズムを知る必要があった。そのためにはクラゲが五万匹いる。毎夏、島に行き、家族で毎日、四十—五十杯のバケツに捕った。毎日、十五時間労働。クラゲ切り機を作って作業を効率化した。五年間働き、七二年についに構造が分かった。

一方、クラゲからごく微量しか取れないGFPは、発見以来使い道がなかったが、興味あるので少しずつためておいた。発光のもとである発色団が、ある波長の光をどの程度吸収しているかを調べると、ウミホタルのルシフェリンの合成化合物とそっくり。だから発色団の構造も比較的簡単に分かった。

GFPは普通の蛍光タンパク質とは構造が違い、蛍光物質が内部に組み込まれている。つまり、発色団はGFPのタンパク質の一部だから、遺伝子を使ってクローンを作れる可能性があることが分かった。これらを七九年に解明したことが本当の意味でのGFPの発見だ。オワンクラゲの研究なくしてはなしえなかった発見であり、基礎研究の重要性を示す一つの例だ。

今、生物発光を研究する人はわずか。難しく、成功率が低いと思われている。若い人には、どんな分野でも積極的に挑戦してほしい。難しいことほど喜びは大きい。絶対にあきらめないで成功するまで頑張ろう。

解説

上村大輔・慶大教授

GFP　医学などに欠かせぬ道具

名大時代の下村先生のエピソードや、（共通の恩師の）平田教授の話を紹介したい。

平田先生は一九六〇年に下村先生が渡米するとき「学位を持っていないと、世界ではダメですよ」という一声で学位を授与されたと聞いている。

平田先生は若い研究者を乗せるのが上手で、外国で活躍中の先生をどんどん紹介して「君たちも素晴らしい可能性があるよ」と教えてくれた。当時の研究室には中西香爾《こうじ》先生（コロンビア大名誉教授）や岸義人先生（ハーバード大名誉教授）ら俊英が集まっていた。平田先生は二〇〇〇年三月に亡くなったが、残念の極みだった。

名大時代に発見したウミホタルの発光は、ルシフェリンという化学物質と、ルシフェラーゼという酵素が一緒になると光るが、下村先生が明らかにしたオワンクラゲの緑色の光は、そうした従来の発光の概念を覆した。

ＧＦＰは約二百四十のアミノ酸からなり、中心の三つのアミノ酸が環状に変化して、光る構造を形成する。カルシウムなどの物質を入れなくても生体内で自動的に光るので使いやすく、遺伝子工学に使われた。（ノーベル賞を同時受賞したコロンビア大の）マーティン・チャルフィー教授が大腸菌や線虫に入れて光らせることができるようにした。（同じくカリフォルニア大の）ロジャー・チェン教授は、いろんな色の蛍光が出るものを作った。今では医学や生物工学の分野に欠かせない道具になっている。

平田先生は「機にのぞんで才気煥発《さいきかんぱつ》せよ（状況に応じて才能を発揮せよ）」とおっしゃっていた。参加している高校生諸君も、ぜひともサイエンスに道を求めていただきたい。

会場でのQ＆A（下村さん）

笑顔で質疑　疑問があれば解決するまで努力しなさい

―生物発光の研究を続けていこうと決めたのはいつ。

▼**下村さん**　最初に思ったのは名大で研究していた一九五七年にウミホタルのルシフェリンという発光物質の結晶化ができたとき。でも、本当に続けていこうと決心したのは、

米国でオワンクラゲの発光タンパク質「イクオリン」が抽出できたときです。

―研究の原動力は。

▼下村さん　結果を出そうという執念。一度始めたら、途中でやめるのは嫌ですから。目的を達成するまでやりたいという性格です。

―子どものころから理科や科学は好きでしたか。

▼下村さん　好きでした。飛行機や船の模型をつくるのが好きで、中学生のころはゴムの動力で飛ぶ飛行機を作ることに熱中しました。

―子どものころの夢は。

▼下村さん　ありません。研究者になろうと思ったのは、ほかに道がないと感じたから。実は長崎医大薬学専門部を卒業して、会社に入ろうと思っていました。でも、親切な面接官に「あなたは会社員には向かない」と言われました。（笑）

―夢をかなえるためにすべきことは。

▼下村さん　何でも好きなことを一生懸命やること。疑問があれば解決するまで努力しなさい。いいかげんじゃなくてね。

―発見や発明に大切なひらめきはどのように生まれるのか。

▼下村さん　自然に生まれるのでしょうね。いつ、ひらめくかも分かりません。僕はとき

どき、寝ている間にアイデアが出ます。ずっと考え続けていると寝ても熟睡しないんですね。謎を解くためには仕方がないことですが。

―平田先生への思いを。

▼**下村さん**　ウミホタルという研究テーマも与えてくれた。オワンクラゲの問題を解決するには、ウミホタルの研究が絶対に必要だった。非常に幸運。平田先生は、人を見ることについては天才的と言われていました。

◈　◈　◈

メモ

オワンクラゲが光る仕組み

オワンクラゲは発光に関係する2つのタンパク質、イクオリンとGFPを持つ。イクオリンは水に溶けているカルシウムイオンと結合すると青色に光る。ただ、紫外線で光る性質を持つGFPが近くにあると、青く光るはずのエネルギーがGFPに移って緑色に光る。何の目的で青を緑に変えているのかは不明。さらに不思議なのは、GFPは生体内でできたときは光る性質を持っていないのに、すぐにアミノ酸の並び方を自ら変化（自己環化）させ、蛍光性を持つようになること。こうした変身を行うタンパク質はGFPだけといわれる。

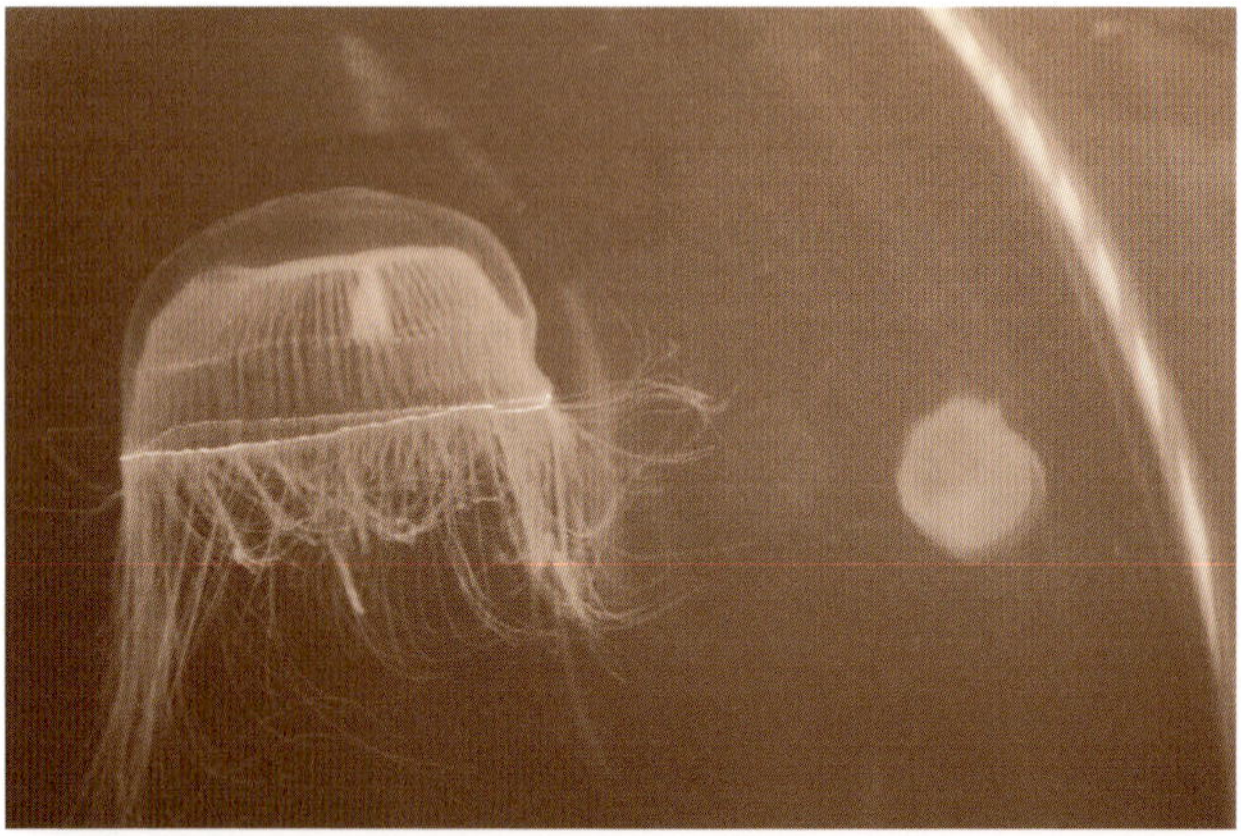

紫外線に反応して縁が緑色に発光するオワンクラゲ。講演会場に展示された

ノーベル賞トリオ　名大『特別教授』に
益川さんらに研究室

（二〇〇九年三月二十四日朝刊）

名古屋大（名古屋市）は三月二十三日、二〇〇八年にノーベル賞を受賞した益川敏英（六九）、小林誠（六四）＝いずれも物理学賞、下村脩（八〇）＝化学賞＝の三氏に「特別教授」の称号を授与することを決めた。

特別教授制度は名大が〇四年に設置。卒業生、大学院修了者、教員らの中で、ノーベル賞、フィールズ賞、文化勲章などを受けた人が対象。名大は三氏に研究室を用意し、研究活動をしてもらう予定。

これまでに、〇一年にノーベル化学賞を受賞した野依良治氏（七〇）、青色発光ダイオード（ＬＥＤ）の開発で知られる赤崎勇氏（八〇）が特別教授に選ばれている。

◇第二部の記事を取材した記者は以下の通り。（所属は当時）
前田智之、広瀬和実、島崎諭生、北村剛史、渡辺泰之（以上、名古屋・社会部）、
永井理、榊原智康（以上、科学部）、吉田薫（東京・社会部）、星浩（ロンドン）、
加藤美喜、阿部伸哉（以上、ニューヨーク）

語録

語録◇益川 敏英

◇「たいしてうれしくない。われわれの言ったことが正しいと分かったのは二〇〇二年、〇三年の実験で確立した。科学者としてはそれが一番重要なこと。あとは科学者というより、非常に社会的なお祭り騒ぎ」

＝〇八年十月七日、ノーベル物理学賞発表直後の記者会見で

◇「理論物理学者は、体験しなくても大抵のことが分かる。海外旅行などしなくてもいいと妻に言ってきたが、街を歩いて歴史の質の違いを実感した。妻に、それでは理論家失格だと言われギャフンと言っている」

＝〇八年十二月九日、ストックホルムでの記者会見で

◇「恋愛なんて、しようと思って構えてやるものではない。ある女性と出会う。いろんな経験を積んで、ある段階で、その人が伴侶としての必然性を持ってくる。

僕は『必然性の哲学』と言っている」

＝〇八年十月八日、京都大での講演後の質疑応答で

◇「何かに関心を持ったら、分からなくても記憶しておく。何かの拍子に、本などで説明がつくことに出くわす。それがたまるとその周辺のことが好きになり、友達にも自慢できる。友達同士で競い合うことは重要で、先輩や先生に教えてもらうより印象に残る」

＝〇八年十月八日、京都大での記者会見で

◇「日本人はノーベル賞、ノーベル賞と関心が高いが、あれは二十年、三十年前の評価。今の科学行政、研究体制がどうなっているかの結果が出るのは二十年、三十年先。今バタバタっと受賞して万々歳だ、ワーッというのでは困る」

＝〇八年十月十日、日本学術振興会での小林氏との共同記者会見で

語録◇小林 誠

◇「大学の評価は客観性を重んじすぎ、形式的になっている。一面的な評価は大学教育をゆがめる可能性がある」

＝〇八年十月十日、日本学術振興会での益川氏との共同記者会見で

◇「研究はうまくいく方が少ない。大抵は困難にぶつかっているが、問題意識をいつもどこかに持ち続ける。そうすると、何かのときに解決のきっかけが出てくる」

＝〇八年十一月九日、茨城県つくば市で開かれた科学フェスティバルで

◇「（受賞の予感について）昨年、ヨーロッパで賞をいただいた。多少、危険度が増していたかなとは思っていた」

＝〇八年十月八日、ノーベル物理学賞受賞決定から一夜明けて日本学術振興会での記者会見で

◇「突然、人生が変わってしまったようなもので、これからどう対応していくか、どう受け止めていくか、まだ苦慮している」

＝〇八年十月二十七日、文化勲章受章の記者会見で

◇「研究者の一番の楽しみは、結果の大小に関係なく自分の頭で考えて新しいことを発見すること。そういうことを続けていきたいというのが私の望み」

＝〇九年二月七日、名古屋大での記念講演の際、会場からの質問に答えて

◇「（家族に対し）ＣＰ対称性の破れの話に関する限りは結婚前で関係ないが、一般的に『感謝しているか』と聞かれて『していない』とは答えられないだろう」

＝〇八年十月十日、日本学術振興会での益川氏との共同記者会見で

ALFR
NOBEL
NAT
MDCCC
XXXIII
OB
MDCCC
XCVI

あとがき

ついに来た…。思わず息をのんだその後の、嵐のような喧噪《けんそう》はあまり思い出せない。小林誠さん、益川敏英さんのノーベル物理学賞受賞が発表された日の夜。取材や紙面作りであたふたしながらも、ただただ、うれしかったことだけを覚えている。疲労困憊《こんぱい》であろう同僚たちの表情はいずれも晴れやかだった。南部陽一郎さんも含めて日本人三人が同賞を独占という前代未聞の快挙。二人とは会ったこともない自分までがこんなに誇らしいのだから、多くの日本人、とりわけ名古屋の人もきっと同じ思いに違いない。その喜びを分かち合いたい。それが、連載「名古屋ノーベル賞物語」の出発点だったと思う。

幼いころ終戦を体験し、戦後日本、そして名古屋の発展とともに成長した二人。その生い立ちをたどる作業は、名古屋の戦後史を通観することでもあった。

親類や知人、学友たちから明かされる若き日の二人を掘り起こす取材は、正直楽しくて仕方なかった。自宅のヒューズが飛ぶと、「僕がやったる」といつも母を助けた小林少年。妹が机に向かっていると、「小学生のくせに勉強なんかして」とからかってばかりいた益川少年。どこの家庭でもみられるそんなささやかな光景を思い浮かべては、温かい気持ちになった。

おちゃめだと思っていた益川さんは、自分の生き方や日本の将来について苦しいまでに思い詰める生真面目な青年だった。おっとりしているようにみえる小林さんは、ときに激しいまでの頑固さを同級生らに見せていた。正反対の性格、といわれる二人。だが、本人や周辺への取材を通じて共通していると感じたのは、自らの好奇心に導かれ、周囲に流されることなく真理を追い続ける意志の強さだ。信念、といえるかもしれない。それが、当時の学界では常識外れだったという理論を生み出したともいえるだろう。

こんな素敵な二人のことを少しでも多くの人に伝えたい。業績は十分理解できなくても、宇宙の根源に迫ろうとした二人のきらきら光る情熱を知ってほしい。そんな思いを募らせながら取材を重ね、筆を進めた。こうして書き上げた連載に対し、「暗いニュースが多い中、二人の姿に励まされた」とのお便りを多くの読者からいただいた。年配の方からは、自らの半生を重ね合わせて懐かしく当時を回想したとの感想が寄せられた。半世紀も昔のことを懸命に思い出しながら取材に応じてくださった皆さんに、心からお礼を申し上げたい。

出版に際して小林さんに書いてもらった座右の銘に、「過去は序幕だ」とある。科学者にとって最大の栄誉であろうノーベル賞受賞という「過去」に満足することなく、新たな一歩を踏み出す決意表明だと受け止めた。まだまだ目が離せない二人なのである。

中日新聞社社会部　**池田　千晶**

歴代の日本人ノーベル賞受賞者

1949年 湯川秀樹 氏 物理学賞　（故人）		2000年 白川英樹 氏 化学賞	
1965年 朝永振一郎 氏 物理学賞　（故人）		2001年 野依良治 氏 化学賞	
1968年 川端康成 氏 文学賞　（故人）		2002年 小柴昌俊 氏 物理学賞	
1973年 江崎玲於奈 氏 物理学賞		2002年 田中耕一 氏 化学賞	
1974年 佐藤栄作 氏 平和賞　（故人）		2008年 南部陽一郎 氏 物理学賞	
1981年 福井謙一 氏 化学賞　（故人）		2008年 小林　誠 氏 物理学賞	
1987年 利根川　進 氏 医学・生理学賞		2008年 益川敏英 氏 物理学賞	
1994年 大江健三郎 氏 文学賞		2008年 下村　脩 氏 化学賞	

名古屋ノーベル賞物語

二〇〇九年六月十一日　第一刷発行
二〇〇九年七月五日　第二刷発行

編　　著　中日新聞社社会部
発 行 者　川村範行
発 行 所　中日新聞社
〒四六〇-八五一一
名古屋市中区三の丸一丁目6番1号
電話　〇五二（二〇一）八八一一（大代表）
　　　〇五二（二二一）一七一四（出版部直通）
郵便振替　00890-0-10
写真提供　共同通信社、名古屋大学
印　　刷　長苗印刷株式会社

ISBN978-4-8062-0590-6　C0036
定価はカバーに表示してあります。
落丁・乱丁本はお取り替えいたします。